Les **tribuns**
de la **radio**

Échos de la crise d'Oka

Les **tribuns**
de la **radio**

Échos de la crise d'Oka

sous la direction de

Florian Sauvageau
Pierre Trudel
Marie-Hélène Lavoie

*Centre d'études
sur les médias*

1995
Institut québécois de recherche sur la culture

Données de catalogage avant publication (Canada)

Vedette principale au titre:

Les tribuns de la radio. Échos de la crise d'Oka

Comprend des références bibliographiques.

ISBN 2-89224-246-0

1. Tribunes téléphoniques. 2. Radio – Québec (Province) – Émissions-débats. 2. Québec (Province) – Histoire – 1990 (Crise autochtone) – Opinion publique. 4. Indiens, Attitudes envers les – Québec (Province). 5. Mohawk (Indiens) – Opinion publique. 6. Stations de radio indiennes d'Amérique – Québec (Province). I. Sauvageau, Florian. II. Trudel, Pierre. III. Lavoie, Marie-Hélène. IV. Institut québécois de recherche sur la culture.

PN1991.8.T35174 1995   384.54'43'09714   C95-940378-7

Le 1er janvier 1994, l'Institut québécois de recherche sur la culture est devenu, en vertu de la loi 109, le huitième Centre de recherche de l'Institut national de la recherche scientifique (INRS-Culture et Société).

Conception graphique de la couverture: Norman Dupuis

ISBN 2-89224-246-0

Dépôt légal, 1995 • Bibliothèque nationale du Québec

Institut québécois de recherche sur la culture
14, rue Haldimand, Québec (Québec) G1R 4N4
Téléphone: (418) 694-6400 • Télécopieur: (418) 694-6425

Distribution de livre UNIVERS
845, rue Marie-Victorin, Saint-Nicolas (Québec) G0S 3L0
Tél.: (418) 831-7474 ou 1-800-859-7474 • Télécopieur: (418) 831-4021

Table des matières

Un premier tour de la question
Florian Sauvageau   9

La production et l'animation des tribunes téléphoniques
Marie-Hélène Lavoie   21

Quelques mots au sujet de l'influence psychologique
des tribunes téléphoniques lors de la crise de l'été 1990
Louis Bricault   65

«Les absents ont toujours tort»:
ni Amérindiens ni néo-Québécois sur les ondes francophones
Royal Orr   77

Radio mohawk et dialogues culturels
Réflexions sur l'émission «The Party Line» de Radio-Kahnawake
Lorna Roth   85

MORCEAUX CHOISIS 103

Le participant à une tribune téléphonique:
aux antipodes de la source journalistique
Jacques de Guise 121

Le cadre réglementaire des tribunes téléphoniques
Pierre Trudel 135

Un remède pire que le mal
Laurent Laplante 161

Références bibliographiques 171

Annexes 177

    A. Cartes de la région 179

    B. Calendrier de la crise amérindienne:
       les trois dernières semaines d'août 1990 183

    C. Les émissions analysées 189

    D. Tableau comparatif du projet de lignes directrices
       du CRTC et des politiques de Radiomutuel et CHRC . 191

Notes sur les auteurs 197

Un premier tour de la question

Florian Sauvageau

Importée des États-Unis au cours des années 1950, la formule des tribunes téléphoniques a vite séduit les auditoires québécois. Les «lignes ouvertes» furent d'abord saluées comme un nouvel outil important de participation des citoyens à la vie démocratique. Au fil des ans, les frasques de quelques animateurs ont refroidi certains apologistes du genre, mais la popularité des tribunes s'est maintenue. Elles restent encore aujourd'hui les piliers, pour ne pas dire la dernière carte, des programmations des radios MA du Québec, dont les stations MF grugent l'auditoire depuis la deuxième moitié des années 1970[1].

À Montréal, les tribunes foisonnent. En janvier 1995, CKAC propose le tandem Jean Cournoyer–Jean Lapierre le matin, Gilles Proulx le midi, *Les Amateurs de sports* en fin d'après-midi. La programmation de CKVL déborde de tribunes. Presque toutes les émissions ont un espace pour la participation du public: les commentaires sont tantôt reçus en direct, tantôt recueillis par un répondeur et diffusés plus tard. Au Saguenay, Louis Champagne (CKRS) domine avec 41,4 % de l'écoute du matin (enquête BBM, automne 1994). À Québec, André Arthur n'a plus l'ascendant qui lui avait permis, en 1982, d'entraîner avec lui ses auditeurs d'une station (CHRC) à l'autre (CJRP), puis de les ramener à la première station dont il devenait en même temps copropriétaire, mais le «Roi Arthur» reste tout de même, après plus de 20 ans de présence, le numéro 1 de la radio du matin à Québec, et attire un nombre tout à fait respectable d'auditeurs le midi, à Montréal, à CKVL.

Les tribunes téléphoniques qui traitent d'actualité, et leurs animateurs vedettes, suscitent régulièrement la controverse. Rumeurs et ragots y côtoient souvent les opinions sans nuances et les préjugés les plus tenaces. Éditorialistes et commentateurs dénoncent alors, pendant quelques jours, les abus de langage, les accusations gratuites ou les propos agressifs des auditeurs ou, plus souvent, des animateurs. Le Conseil de la radiodiffusion et des télécommunications canadiennes (CRTC) émet quelques réprimandes, invite à plus de retenue, à plus de «qualité» comme le souhaite la loi, puis, les choses se tassent et on oublie les tribunes jusqu'au prochain coup d'Arthur à Québec, de Champagne au Saguenay, ou de Gilles Proulx à Montréal.

Mais malgré leur popularité et les débats passionnés qu'elles provoquent périodiquement, les tribunes téléphoniques n'ont à peu près pas intéressé les chercheurs québécois, comme tout le domaine de la radio d'ailleurs[2]. En fait, ce livre constitue la première réflexion un tant soit peu générale sur le phénomène des tribunes allant au-delà des critiques exprimées sporadiquement dans les journaux.

UN PHÉNOMÈNE NORD-AMÉRICAIN

Aux États-Unis, dès les années 1940, quelques émissions traitant essentiellement des nouvelles de la guerre donnaient déjà la parole au public: «Plusieurs reporters proposaient régulièrement un 'commentaire' auquel les auditeurs pouvaient répondre soit par le courrier, soit par téléphone, dans le cas des marchés les plus importants, et lorsque les stations étaient munies de l'équipement approprié» (Whetmore, 1981, p. 109. Traduction de l'auteur).

Au Québec, la guerre allait permettre à la radio, qui n'était jusque-là qu'une «boîte à musique», selon l'expression de Jean-Louis Gagnon, de devenir un «indispensable moyen d'information» (Gagnon, 1994, p. 15). Puis, l'arrivée de la télévision, en 1952, a transformé la radio. Les heures de grande écoute passent du soir, où règne maintenant le petit écran, au matin. Apparaît alors le «morning man», qui va donner son avis sur les nouvelles du jour et ses acteurs, et son interprétation personnelle des événements de l'actualité. Les animateurs matinaux «provoquèrent ainsi l'opinion des auditeurs qui allaient réagir et dialoguer, approuver ou protester. C'est ainsi que la ligne ouverte (*hot line*) s'infiltra lentement au coeur de la programmation radiophonique» (Lavoie, 1986, p. 251).

Les premières tribunes naissent à Montréal au milieu des années 1950, introduites par les animateurs Lucien «Frenchie» Jarraud, à CJMS, et Roger Lebel à CKAC. M. Jarraud raconte que dès ses débuts à CJMS, en novembre 1955, s'inspirant de ce qu'il avait entendu aux États-Unis, il recevait des appels du public à son émission «Phonomicro», diffusée la nuit. À Québec, c'est en ouvrant ses lignes téléphoniques au public au début des années 1960, avec l'animateur Jacques Proulx (qui fit ensuite une longue et brillante carrière de «morning man» à CKAC), que CHRC ravit le premier rang le matin à la défunte CKCV et à la légende qu'était alors Saint-Georges Côté[3], pour s'imposer pendant des années comme première station de la capitale. La tradition des tribunes téléphoniques du matin se maintient toujours à CHRC sous la houlette d'André Arthur. À la fin des années 1970 et au début des années 1980, la domination des radios MF pour la programmation musicale n'a laissé à la radio MA que la «parlotte» pour tout partage.

La popularité des lignes ouvertes n'est pas un phénomène spécifique au Québec. À Terre-Neuve par exemple, au printemps 1994, l'animateur Bill Rowe, un avocat et ancien ministre libéral, retient le matin, de 9 heures à 11 heures, 62 % de l'auditoire de la province. À la même heure, la grande émission *Morningside* (Peter Gzowski) de la CBC n'obtient à Terre-Neuve que 6 % de l'écoute (*The Globe & Mail*, 16 juillet 1994). C'est à l'émission de Bill Rowe, que l'on décrit comme un homme modéré, qu'il fut entre autres question pour la première fois des abus commis par des religieux à l'orphelinat du Mount Cashell, cette affaire dont on a tant parlé par la suite et qui a été racontée dans le télé-film *The Boys of St. Vincent*. En Colombie-Britannique, le ton des animateurs est plus agressif. Les «shouting stars» (les étoiles qui crient), comme les appelle le *columnist* Allan Fotheringham de *Maclean's*, dominent les ondes radio. «In Vancouver, open-mouth is king». Depuis longtemps d'ailleurs. Fotheringham rappelle qu'après sa défaite, en 1975, le premier ministre néo-démocrate Dave Barrett s'était recyclé en animateur de lignes ouvertes. «The way to – and from – politics is through the hotline» (*Maclean's*, 16 mai 1994). La situation n'est guère différente au Québec: Jean Cournoyer, Jean Lapierre, Camil Samson, Jean-François Bertrand constituent de bons exemples de reconversion.

Aux États-Unis, en dix ans, l'influence politique des tribunes (de la *talk radio*, comme on dit aux USA) s'est accrue en même temps qu'augmentaient le nombre d'auditeurs et celui des stations qui adoptaient le «format». Le nombre de stations «news/talk» (incluant les «all news») a fait un bond considérable, passant de 360 en 1990 à 1 168 à la fin de 1994. Le «format» a maintenant sa publication, *Talkers*, et les animateurs, leur association, *The National Association of Radio Talk Show Hosts*. La *talk radio*, affirme Rush Limbaugh, le plus célèbre et le plus influent de ces animateurs, (voir p.83) «is the portion of the media that the people trust the most» (Hoyt, 1992). Des Républicains influents, et des sondeurs, considèrent Limbaugh et d'autres animateurs de tribunes téléphoniques (70 % des animateurs se disent conservateurs) comme des artisans importants de la victoire électorale républicaine de novembre 1994 (*The New York Times*, 1er janvier 1995).

LA VOIX DU GROS BON SENS?

Qu'est-ce qui caractérise la tribune téléphonique? Qu'est-ce qui explique son succès? Le genre n'est pas facile à définir. Les tribunes tiennent en partie du divertissement, en partie de l'opinion, en partie du débat. André Arthur parle de spectacle radiophonique. Aux États-Unis, on dit que le succès de Rush Limbaugh s'explique par ses talents d'«entertainer». «He will die as soon as he ceases to be entertaining» (*The New York Times*, 1er janvier 1995). Certains animateurs, aux opinions divergentes, travaillent en tandem, la confrontation permettant d'offrir un meilleur spectacle. D'autres, comme Gilles Proulx, ne consacrent qu'une partie de leur temps d'antenne aux appels du public, le gros de l'émission étant consacré à des interviews avec les acteurs de l'actualité. La plupart des animateurs se défendent de faire du journalisme. En fait, les tribunes sont peut-être la meilleure illustration de ce que les Américains appellent l'*infotainment*, l'information-spectacle. La journaliste Lysiane Gagnon en fait une description intéressante:

> Les lignes ouvertes sont une forme d'information, mais elles sont tellement colorées par la personnalité de l'animateur qu'elles ne sont pas de l'information au sens strict. Une radio de lignes ouvertes, c'est comme un journal sans reporters, qui ne contiendrait que des chroniques: vous ne sauriez jamais ce qui se passe au juste, vous ne percevriez des événements que l'impression nécessairement subjective qu'en ont Untel et Unetelle (*La Presse*, 4 octobre 1994).

Qui écoute les tribunes téléphoniques? L'auditeur des tribunes québécoises les plus populaires est plus âgé et moins instruit que la population dans son ensemble. À Québec, le matin, chez André Arthur, les 18-44 ans sont sous-représentés et les 65 ans et plus sur-représentés[4]. À Montréal, à CKVL, plus de 50 % des auditeurs d'Arthur n'ont pas complété leurs études secondaires. Les auditeurs des tribunes, en particulier ceux du midi, sont aussi de gros consommateurs de radio, qui ne sont guère sélectifs dans leur choix d'émission. Par contre, l'échelle de répartition du revenu familial des auditeurs de Gilles Proulx s'apparente à celle de la population montréalaise. Ceux d'André Arthur à CKVL, à la même heure, sont moins bien nantis. L'auditeur des tribunes se retrouve autant dans la classe moyenne que chez les citoyens à faible revenu. C'est celui qui tire le diable par la queue, ou qui voit fondre son pouvoir d'achat, trouve les taxes trop élevées et ne sait à qui crier son mécontentement.

Ici comme aux États-Unis, dans un monde où le journalisme traditionnel traite d'abord des faits et gestes des élites, l'animateur de lignes ouvertes est souvent perçu par ceux qui l'écoutent comme la solution de dernier recours, une sorte de porte-parole qui partagerait leurs rancoeurs, leurs frustrations et leur souci du sens commun. «The hosts speak for their call-in audiences, not just to them. They share their callers' resentments, their conservative views and their yearning for common sense» (*The New York Times*, 16 avril 1994). «I am the voice of the frustrated American» expliquait au *New York Times* l'animatrice Ronna Romney, du Michigan, candidate, comme plusieurs autres animateurs de tribunes, lors des élections au Congrès, en novembre 1994. Les choses ne se passent pas différemment au Québec. Ainsi, Louis Champagne, qui se définit de la façon suivante: «Je suis le gourou du gros bon sens, s'tie» (*La Presse*, 17 décembre 1994), et André Arthur, candidat de ceux qui en ont ras-le-bol, aux élections québécoises de septembre 1994. Candidat défait, il est vrai, mais dont l'appui populaire en aura tout de même étonné plus d'un (dans Louis-Hébert, Arthur s'est classé bon deuxième, derrière le candidat péquiste, devenu ministre de la Justice, Paul Bégin).

L'influence des tribunes téléphoniques impose une analyse en profondeur du phénomène. On ne peut se limiter à dénoncer de temps à autre, les excès, réels, des animateurs, sans s'interroger sur les causes de la popularité de ces émissions, sur leur poids politique véritable. L'historien des médias Paul Rutherford, de l'Université de Toronto, explique que les émissions de lignes ouvertes, bien qu'elles existent depuis longtemps, seraient depuis peu devenues «une force significative dans la formation de l'opinion publique». «I wouldn't want to hype it to the point of saying this is the birth of a new democracy, but it is certainly providing a voice for people who otherwise don't have one» (*The Globe & Mail*, 16 juillet 1994). Le constat n'a rien de nouveau. Déjà en 1968, le journaliste Jacques Guay observait: «ce type d'échange animateur-public répond de toute évidence à un besoin réel et profond dans l'anonymat de notre société séculière» (cité par Lavoie, 1986). En 1986, Elzéar Lavoie parle encore de la reconstitution d'une place publique, d'un forum ou d'une agora (p. 254). Le *New York Times* n'y voit maintenant rien de moins que les premiers pas de l'interactivité promise pour le XXIe siècle.

Il ne faudrait pas non plus exagérer la dimension démocratique de ces émissions. La majorité des auditeurs restent passifs (aux États-Unis, on dit que de 1 % à 2 % seulement des auditeurs téléphonent). Et l'animateur oriente le plus souvent le débat dans le sens de ses intérêts et de ses préjugés. C'est lui qui donne le ton à l'émission. Et s'il a, comme c'est souvent le cas, un penchant pour la démagogie... Rutherford distingue deux types d'animateurs, les «warriors», et les «father figures», qui préfèrent l'entretien au coin du feu aux éclats de voix. Au Québec, il semble bien qu'on ait un faible pour les «grandes gueules», de Gilles Proulx, le «pit bull» de la radio québécoise (l'expression est du *Globe & Mail*), au «bum» de la radio saguenéenne Louis Champagne (l'expression est de *La Presse*).

LES TRIBUNES DE LANGUE FRANÇAISE ET LES AMÉRINDIENS

J'ai toujours eu une attitude ambivalente face aux tribunes téléphoniques. Ainsi, quand André Arthur est tombé au plus bas, à l'été 1993, un peu avant la mort du ministre Gérard D. Lévesque et qu'il a laissé, sinon encouragé ses auditeurs à lui souhaiter de «crever au plus vite», j'ai dénoncé son attitude et lui ai reproché son manque de mesure (*Le Devoir*, 16 septembre 1993). J'ai eu droit aux invectives du «Roi». Par contre, il m'est aussi arrivé de le défendre: il aborde en effet des sujets souvent tabous pour les autres médias de la capitale, trop empressés envers les élites locales. D'autant qu'il m'a toujours semblé qu'il était, malgré tout, moins pire que d'autres. Comme Champagne par exemple, qui «fait la loi» depuis des années au Saguenay et dont le discours, redondant, apparaît confus, si on le compare à celui d'Arthur, souvent excessif, mais cohérent. À Québec, des sommets de vulgarité ont été atteints à la station CJRP (fermée lors du regroupement des réseaux Télémédia et Radiomutuel en septembre 1994), par deux animateurs maintenant disparus des antennes : Lucille Giguère et Simon Bédard.

L'aventure, quasi rocambolesque, de Madame Giguère avec les médias et ses «relations» avec l'animateur de CHRC méritent d'être racontées. À la fin des années 1970, Lucille Giguère, une femme très active dans son milieu, soi-disant exaspérée par le comportement d'Arthur, sollicite des autorités de la station la création d'un comité de surveillance des émissions, dont elle devient présidente. Le comité devait veiller à l'amélioration de la qualité des émissions, notamment en ce qui a trait à la réputation des personnes. En 1983, elle abandonne la présidence du comité pour devenir animatrice à CHRC, qu'elle quitte en 1984, pour aller diriger sa tribune téléphonique à CJRP, et concurrencer André Arthur qui, lui, revient à CHRC (après deux saisons à CJRP). Elle qui souhaitait policer les ondes, manifeste, par le vocabulaire et le ton, une rare grossièreté, comme le constateront plus tard les tribunaux. En 1989, Lucille Giguère et Radiomutuel sont condamnés pour diffamation envers la compagne et le fils d'André Arthur[5]. Elle quitte l'antenne la même année.

C'est à l'écoute des propos d'un autre ancien de CJRP, Simon Bédard, lors de la crise amérindienne de l'été 1990, que m'est venue l'idée de ce livre. Bédard, un personnage aux idées carrées et au verbe haut, a animé des tribunes téléphoniques pendant plusieurs années, dont l'une, sous forme de débat, *Face à face*, avec l'ancien ministre péquiste Jean-François Bertrand. Il a été congédié en 1992. Le lecteur pourra constater en pages 113-120 le type de propos qui m'ont convaincu qu'il fallait, au-delà de l'indignation passagère, susciter une réflexion plus large sur le phénomène des tribunes et sur ce qui se dit à certaines antennes. Jusqu'où, en effet, peut-on pousser l'injure, quand ce n'est inciter à la haine, sous le couvert de la liberté d'expression ?

Les relations entre les médias de langue française et les Amérindiens ne sont pas toujours faciles. L'affaire d'Oka a mis en lumière une situation plus générale, qui perdure, et qui a conduit la Fédération professionnelle des journalistes du Québec à s'interroger, en mars 1994, sur le traitement médiatique des affaires autochtones. Au-delà des lignes ouvertes, le protecteur du citoyen Daniel Jacoby s'est aussi attaqué lors de ce débat à certains éditoriaux où l'on retrouve, a-t-il dit, des propos qui s'apparentent à de la propagande haineuse contre les autochtones. Des leaders autochtones, comme Konrad Sioui, y ont dénoncé l'attitude de Gilles Proulx et de Jean-Luc Mongrain (animateur vedette de la télévision) qui «mangent de l'indien» et «se paient la traite en se montant des cotes d'écoute» (*Le Devoir*, 28 mars 1994).

La controverse surgit souvent à l'occasion de crises. L'ordre «normal» des choses est alors perturbé. L'opinion publique est agitée ou angoissée. L'animateur hausse le ton. Les esprits s'échauffent. La démesure n'est souvent pas loin. Oka constitue une excellente illustration de ce type de situation. Ce livre renferme à la fois des témoignages et des analyses sur le traitement de la crise de 1990 aux antennes de cinq tribunes téléphoniques: celles de Gilles Proulx, d'André Arthur, de Louis Champagne, de Simon Bédard, mais aussi celle, différente, de Radio-Canada. (Chaque auteur dont nous avons sollicité la collaboration a reçu un échantillon d'émissions diffusées pendant le mois d'août 1990[6]). L'ensemble constitue un premier tour multidimensionnel de la question, qui comporte des visions différentes et complémentaires du phénomène.

Certains auteurs ont vécu la crise de près. Ainsi, le psychologue Louis Bricault, qui a prodigué des services d'aide à des citoyens victimes du conflit, s'interroge sur l'influence de ce type d'émissions, plus précisément celle de Gilles Proulx captée dans les régions d'Oka et de Châteauguay, sur les auditeurs qui vivent de près les événements. Sous le titre «Les absents ont toujours tort», Royal Orr, qui animait à l'époque une tribune téléphonique à la station de langue anglaise CJAD, pose le problème de l'absence aux tribunes francophones des néo-Québécois unilingues et des Mohawks qui pour la plupart ne parlent pas français. Lorna Roth, qui travaille de près depuis plusieurs années avec les responsables de médias autochtones, jette un éclairage inédit sur ce dossier en analysant la tribune téléphonique diffusée pendant la crise par la station de radio amérindienne Radio-Kahnawake. L'émission *The Party Line* se distinguait des tribunes des autres stations du Québec par sa situation «à l'intérieur des barricades». Dans le premier chapitre du livre, Marie-Hélène Lavoie examine les contextes (v.g. ressources matérielles et humaines) de production et les styles d'animation de ces émissions. Son texte permettra au lecteur moins familier avec le genre d'accéder plus aisément au monde des tribunes radiophoniques. À cet égard, il faut aussi, pour bien comprendre l'indignation de certains, lire les «Morceaux choisis» de tribunes que nous reproduisons.

D'autres textes abordent le sujet de façon plus générale et dépassent le cadre de la crise de 1990. Le sociologue Jacques de Guise s'intéresse à ceux qui téléphonent comme «source de la communication». Il est difficile, écrit-il, rejoignant en cela certaines analyses optimistes faites à la naissance des lignes ouvertes, «de ne pas voir dans la tribune téléphonique, un phénomène de démocratie profonde». Il en vient par contre à constater: «C'est le paroxysme de la démocratie, mais c'est une démocratie incompétente.» Pierre Trudel rappelle le cadre réglementaire, retrace l'évolution de la politique du CRTC vis-à-vis des tribunes et discute des plaintes reçues par le Conseil lors de la crise, au sujet de Gilles Proulx. Il constate un hiatus fondamental entre les finalités que préconise le cadre réglementaire et les impératifs de rentabilité des diffuseurs. Enfin, Laurent Laplante conclut en rappelant le piège qui guette ici les démocrates qui peuvent bien dénoncer les abus des animateurs de lignes ouvertes mais vont toujours s'opposer à ce qu'on les fasse taire. C'est le même dilemme qui explique l'impuissance du CRTC dans ce dossier.

Le CRTC ne pouvant se faire censeur, il ne lui reste qu'à exhorter les stations à plus de retenue, au respect des normes déontologiques les plus rigoureuses. Certaines stations, comme CHRC, ont bien adopté, à la demande du Conseil, des «lignes directrices et mécanismes de contrôle». Mais il y a un monde entre les promesses faites au CRTC et la quotidienneté des animateurs qui, conscients du poids que leur confèrent les revenus qu'ils génèrent, ne se soucient guère des grands serments des gestionnaires. Comme le constatait fort à propos en 1986 l'auteur d'un ouvrage sur la radio: «Faute de directives et de rigueur intellectuelle de la part des diffuseurs, [les tribunes téléphoniques] ont contribué, plus souvent qu'à leur tour, à diminuer le niveau général de la radiodiffusion». L'auteur, le croirez-vous: Gilles Proulx, animateur de tribunes, «historien» de la radio de surcroît (*La radio d'hier à aujourd'hui*, p. 140).

NOTES

1. À Montréal, selon l'enquête BBM de l'automne 1994, 28 % seulement de l'écoute de la radio de langue française va aux stations MA.

2. Nous avons recensé un seul article scientifique consacré exclusivement au phénomène des tribunes: B. Schiele, «Les émissions de lignes ouvertes. Notes sur les modes contemporains de persuasion», *Communication Information*, vol. 4, n° 3, été 1982, p. 29-39. Le regretté Elzéar Lavoie, un des seuls à s'être beaucoup intéressé à la radio, en traite aussi dans son texte: «La radio: loisir méconnu», *in Les pratiques culturelles des Québécois: une autre image de nous-mêmes*, sous la direction de Jean-Paul Baillargeon, Québec, Institut québécois de recherche sur la culture, 1986. Ces observations ne valent d'ailleurs pas que pour la recherche québécoise. Il n'existe aux États-Unis que peu de travaux sur les tribunes, dont un livre important, publié aux éditions Lexington Books en 1987, *Talk Radio and the American Dream*, de Murray B. Levin.

3. Saint-Georges, comme on disait familièrement, annonçait à sa façon les tribuns qui viendraient ensuite. Un journal de l'époque (cité dans un ouvrage qui lui est consacré) décrivait ainsi le personnage: «Ce gavroche québécois, souvent frondeur et irrespectueux, apporte dans des studios prosaïquement bien policés, corrects et irréprochables, une note discordante qui n'est pas toujours désagréable. [...] Trop souvent, il voit les choses de travers et s'exprime de la même façon, mais il demeure toujours rigolo, fait sourire et parfois rougir. Il ne doute de rien et surtout pas de lui-même.» Dès les années 1950, la nuit de Noël, il téléphonait aux gens pour savoir comment ils s'amusaient. Certains voient là le début des lignes ouvertes. (Voir *Saint-Georges Côté, un géant parmi les grands*, La Bonne nouvelle, 1983).

4. Les constats de ce paragraphe, dont je suis seul responsable, s'appuient sur des analyses des données BBM du printemps 1994, qui m'ont été fournies par l'équipe de recherche de Pierre Delagrave, de Cossette Communication-Marketing. Je les remercie de leur collaboration.

5. L'extrait suivant tiré de la décision de la Cour supérieure (Arthur c. Giguère, 1989, R.R.A. 798) montre de quel bois se chauffait Lucille Giguère: «Ordure, tu (André Arthur) veux salir la réputation et la vie privée de ceux et celles qui ne... qui ne nagent pas dans ton égout? Ceux et celles qui sont tes concurrents à d'autres postes? Très bien, faisons ensemble un survol de ta vie de termite social. La première chose à dire c'est que tout ce que tu vomis

n'est que... et vraiment ce qui sort de ta bouche n'est que vomissure autour de toi. Même ta reproduction est tarée. Tout ce que tu as trouvé pour partager ta déconfiture c'est une poubelle à sperme». En 1991, l'animatrice et Radiomutuel sont condamnés dans une autre affaire (1991, R.J.Q., 123 à 141). Les poursuites contre certains animateurs de tribunes sont fréquentes. *La Presse* rapportait en décembre 1994 que, depuis 1986, Louis Champagne avait été l'objet de dix poursuites en dommages et intérêts totalisant 22,16 millions de dollars. En janvier 1995, une poursuite de dix millions de dollars était intentée contre Champagne, CKRS et Radiomutuel, par le Cégep de Jonquière et son directeur général (*Le quotidien du Saguenay–Lac-Saint-Jean*, 28 janvier 1995). Enfin, au moment où nous terminons cet ouvrage, en février 1995, deux autres poursuites viennent d'être intentées contre André Arthur, l'une par la Société des alcools du Québec et son président-directeur général, l'autre par le député de Limoilou, M. Michel Rivard. (*Le Soleil*, 28 janvier 1995; *Le Journal de Québec*, 31 janvier 1995). Les animateurs et les stations sont cependant assurés, sauf Arthur qui ne l'est plus depuis quelques années.

6. Pour plus de détails au sujet du processus, voir l'annexe C «Les émissions analysées». (Les bandes sonores nous ont été fournies par la maison Caisse Chartier que nous remercions pour sa collaboration). Voir également l'annexe B «Calendrier de la crise amérindienne: les trois dernières semaines d'août 1990».

La production
et l'animation
des tribunes téléphoniques

Marie-Hélène Lavoie[1]

La formule des tribunes téléphoniques recèle, selon plusieurs, des vertus de démocratisation et d'éducation populaire. L'historien Elzéar Lavoie affirmait qu'elles «donnent voix aux petits, aux sans-grades, aux anonymes de la société de masse» (Lavoie, 1986, p. 264). Inondés d'information, mais souvent privés des clefs nécessaires à la compréhension des enjeux sociaux, les citoyens de toute origine sociale ont le loisir de poser des questions, d'exprimer leurs points de vue et d'ainsi prendre part aux débats publics.

L'Américain Murray B. Levin, qui a analysé plus de 700 heures d'émissions de ce genre, a tracé une intéressante analogie entre la tribune téléphonique et l'école: «c'est aussi un moyen privilégié d'éducation des masses, un lieu d'apprentissage ouvert et détendu, sans obligations pour les participants. On y exige aucun prérequis, on y subit aucun examen, mais on y retrouve sporadiquement des personnes-ressources susceptibles de stimuler la discussion ou de prodiguer des conseils» (Levin, 1987, p. 26. Traduction de l'auteure).

Mais ce forum de citoyens s'inscrit dans un cadre très particulier, celui d'une émission radiophonique produite le plus souvent par une entreprise à vocation commerciale, réalisée suivant un certain scénario et conduite par un animateur soumis à ces diverses contraintes mais détenant tout à la fois le contrôle sur les thèmes et le déroulement des discussions. Levin, qui a précisément démontré toute l'influence de l'animateur, formule d'ailleurs cette très importante réserve à la suite de sa comparaison entre la tribune et l'institution d'enseignement: «ce processus éducatif est précaire. L'animateur peut, en tout temps interrompre le «cours», en modifier le contenu, interrompre quiconque ou inviter des professeurs de troisième ordre» (Levin, 1987, p. 26. Traduction de l'auteure).

C'est en dirigeant notre lentille sur les coulisses de la production des tribunes, d'une part, et sur les styles d'animation, d'autre part, que nous brosserons le portrait de cinq émissions avec tribune téléphonique diffusées pendant la crise amérindienne. Suivant une démarche exploratoire, nous tenterons d'évaluer le poids ou l'incidence de divers facteurs contextuels sur les émissions produites, soit la situation économique de la radio MA, les exigences du CRTC, les politiques journalistiques des stations et, enfin, les ressources humaines et matérielles affectées à ces émissions par les diffuseurs. Nous analyserons ensuite ces émissions où l'animateur occupe toute l'avant-scène, en nous attardant plus spécifiquement aux styles d'animation.

Quelques repères méthodologiques

De la même manière, il nous est apparu essentiel d'analyser les tribunes téléphoniques en regard de leur contexte de production.

Toute une branche de la sociologie des médias s'est attachée à l'étude des pratiques journalistiques en tenant compte des cadres institutionnel et organisationnel dans lesquels elles sont exercées. Charron et Lemieux, dans un collectif sur les journalistes et leurs sources, font un relevé des principaux travaux sur la sélection (*gate keeping*) et la conception des nouvelles. Procédant à une synthèse des facteurs suggérés pour expliquer la sélection des nouvelles par les journalistes, ils mentionnent entre autres: les coûts de production de l'information, les attitudes personnelles du journaliste, les pressions exercées par les annonceurs, le mode de propriété des médias, etc. (Charron et Lemieux, 1991, p. 9).

Ces facteurs se situent à l'un des trois niveaux d'explication – individuel, organisationnel ou «sociétal» – distingués par Paul Hirsch en 1977. Les attitudes personnelles du journaliste relèvent ainsi du niveau individuel, les coûts de production de l'information et les contraintes techniques, pour ne prendre que ceux-là, appartiennent au contexte de l'organisation, alors que les goûts des consommateurs et les pressions des sources (milieux politiques, groupes de pression, entreprises privées, etc.) font partie de l'environnement social ou «sociétal».

Nous ne traiterons pas ici de nouvelles, mais bien de tribunes téléphoniques. Cependant, l'angle sous lequel les chercheurs ont étudié la sélection des nouvelles, et par ricochet, le contenu de l'information, peut aussi susciter une intéressante réflexion sur les tribunes. Quel type d'organisations produit ces émissions? Dans quel contexte du marché de la radiodiffusion sont-elles nées et se trouvent-elles actuellement? Quel type d'animateur retrouve-t-on derrière le micro? Voilà autant de facettes qui méritent d'être examinées suivant une perspective qui s'intéresse au phénomène dans son ensemble.

En nécessitant un examen des milieux de production, depuis les politiques d'information jusqu'aux procédés techniques de réalisation, cette perspective permet d'éviter de mettre l'accent uniquement sur les traits les plus frappants de ces émissions, ou encore d'en rester au niveau des généralités.

Les émissions dont il sera question appartiennent à la catégorie des tribunes traitant d'actualité et d'affaires publiques. Michel Saint-Laurent a bien résumé leur formule:

> Généralement animées par une seule personne, qui y convie à l'occasion des spécialistes ou des acteurs de certains événements, elles proposent, au fil des jours ou des semaines, des discussions sur les grandes nouvelles du moment, qu'elles soient de nature locale, régionale, nationale ou internationale. On y parle notamment de politique, d'affaires sociales, d'économie, de culture, etc. Dans la plupart des cas, en autant que la sélection des appels et des points de vue le permette, l'auditeur a un accès direct aux ondes où il peut livrer son commentaire ou donner son opinion sur telle ou telle question [...]; parfois, les animateurs de certaines tribunes se bornent à résumer en ondes les propos émis lors d'appels téléphoniques (Saint-Laurent, 1989, p. 2).

Notre choix s'est arrêté sur cinq d'entre elles en raison de leur popularité et parce qu'elles permettent de comparer les secteurs privé et public. De plus, les deux principaux marchés urbains (Montréal et Québec) sont représentés, ainsi qu'un marché régional, celui de Chicoutimi–Jonquière, où l'on retrouve une figure marquante du monde des tribunes et de la radio MA, Louis Champagne:

1.Le *Journal du midi* (11 h 30 – 14 h)
CJMS (Radiomutuel), Montréal
animateur: Gilles Proulx
auditoire à l'été 1990 (région de Montréal): 96 900 auditeurs (12 h)
• meilleur auditoire de la journée à CJMS
• 13,6 % de l'auditoire total (population à l'écoute d'une station)

2.*Midi dix* (12 h 10 – 12 h 55)
Radio-Canada, réseau français
animateur: Michel Lacombe
auditoire à l'été 1990 (région de Montréal): 34 300 auditeurs (12 h 15)
(BBM ne donne pas l'auditoire total à 12 h 15)
– depuis 1992, l'émission se nomme *Midi quinze* et se termine à 13 h.

3.**André Arthur** (8 h – 10 h)
CHRC (Les entreprises de radiodiffusion de la Capitale inc.), Québec
auditoire à l'été 1990 (région de Québec): 80 600 auditeurs (9 h)
• meilleur auditoire de la journée à CHRC
• 48,9 % de l'auditoire total (population à l'écoute d'une station)

4.*Réaction* (15 h – 17 h)
CJRP (Radiomutuel), Québec
animateur: Simon Bédard
auditoire à l'été 1990 (région de Québec): 19 800 auditeurs (16 h)
• 15,6 % de l'auditoire total (population à l'écoute d'une station)
– *Réaction* a été retirée de la programmation en septembre 1991

5.*Champagne pour tout le monde* (6 h – 10 h)
CJMT (Télémédia), Chicoutimi
animateur: Louis Champagne
auditoire au printemps 1990 (Chicoutimi–Jonquière): 19 800 auditeurs (7 h)
• meilleur auditoire de la journée à CJMT
• données sur l'auditoire total non disponibles

Source: Sondages BBM, été 1990 (comme BBM ne fait pas de sondage d'écoute pendant l'été dans les régions du Québec autres que Montréal et Québec, les données pour Chicoutimi–Jonquière sont celles du printemps 1990).

Soulignons que, dans le texte, l'utilisation du présent de l'indicatif réfère à l'année 1990. Autant que possible, des notes signalent les changements survenus depuis. Nous ne pouvons toutefois confiner à une note en bas de page les bouleversements survenus dans le monde de la radio le 30 septembre 1994. Ce jour-là, Radiomutuel et Télémédia annonçaient la fusion de leurs réseaux MA en une seule entité, soit Radiomédia, et la fermeture de six stations au Québec: CJMS (Montréal), CJRP (Québec), CJMT (Chicoutimi), CJTR (Trois-Rivières), CJRS (Sherbrooke) et CKCH (Hull).

Des extraits des éditions des trois dernières semaines du mois d'août 1990 (13 au 31 août) concernant la crise amérindienne constituent le matériel analysé. L'intérêt de cette période réside en ce qu'elle est apparue comme un point tournant entre l'amorce de la crise et son dénouement.

Le 11 juillet, le caporal Marcel Lemay meurt lors de l'assaut de la Sûreté du Québec (SQ) à la barricade de Kanehsatake qui avait été dressée par les Mohawks quatre mois plus tôt en réaction au projet d'agrandissement du terrain de golf de la municipalité d'Oka (voir les cartes de la région à l'annexe A). En signe de protestation, le même jour, une autre barricade est dressée à l'entrée d'Oka et des Mohawks de Kahnawake bloquent les accès au pont Mercier. Durant la première phase de la crise, les pourparlers entre les gouvernements et les Mohawks échouent et la confusion règne quant aux enjeux et aux interlocuteurs légitimes. Le 12 août, les gouvernements fédéral et provincial signent une entente avec les Mohawks sur les conditions préalables à la négociation au terme d'un processus de médiation. L'espoir d'un règlement prochain est permis. Cependant du côté de Saint-Louis-de-Gonzague une manifestation de citoyens regroupés sous la bannière «Solidarité Châteauguay» et impatients de voir le gouvernement intervenir est violemment réprimée par la SQ. Les trois semaines suivantes, qui constituent cette période charnière, sont ponctuées par des tentatives de négociation et des manifestations de violence. La perspective d'une intervention armée se concrétise avec le remplacement de la SQ par les Forces armées canadiennes et, de fait, le 29 août débute le démantèlement des barricades. Finalement, la dernière phase de la crise se jouera à l'intérieur d'un petit périmètre, encerclé par l'armée, où sont retranchés des Warriors et leurs sympathisants. Le 26 septembre, ils se rendent à l'armée (voir l'annexe B pour un calendrier des événements de la période du 13 au 31 août).

Sur cette période de trois semaines, nous n'avons retenu dans ce portrait des émissions que les éditions où l'animateur régulier est au micro. Étant donné que Gilles Proulx revient de vacances le 20 août et Michel Lacombe, le 27 août, les volumes d'heures du *Journal du midi* et du *Midi dix* sont donc plus restreints.

Des entrevues permettant d'examiner les émissions en tenant compte de leur contexte particulier de production ont été réalisées avec des personnes clés de chaque station, de préférence des gestionnaires, car les questions portaient sur la politique en matière de tribunes, sur la place de l'émission dans la programmation, sur les budgets, etc. À Radio-Canada nous avons donc rencontré le réalisateur du *Midi dix* Denis Simard, à CHRC la directrice de l'information Myriam Ségal (elle était également animatrice), à CJRP le directeur de la programmation Damien Rousseau, à CJMS Gilles Proulx, et à CJMT la directrice de la programmation Sarah Tremblay (l'entrevue avec cette dernière a été réalisée par téléphone).

LES COULISSES DES TRIBUNES TÉLÉPHONIQUES

La santé chancelante de la radio MA

Les tribunes téléphoniques furent l'une des deux formules «économiques»[2] que la radio mit de l'avant en réponse à l'avènement de la télévision, la principale étant le palmarès musical (les *top forties*). La radio devait obligatoirement se redéfinir, car la télévision lui subtilisait son rôle de média généraliste. Lucien «Frenchie» Jarraud (CJMS), Roger Lebel (CKAC) et Reine Charrier alias Madame X (CKVL) sont parmi les premiers à avoir tenté l'expérience de la ligne ouverte dès les années 1950[3].

La formule obtint du succès et, pendant les années 1970, elle joua même «un certain rôle dans l'offensive menée par le secteur MA pour contrer l'influence grandissante du MF» (Saint-Laurent, 1989, p. 1). Ne pouvant concurrencer le MF sur le plan musical, le MA mit davantage l'accent sur le contenu verbal. Et dans l'éventail des formules de radio parlée, la popularité des tribunes ne se dément toujours pas: elles occupent une large part des créneaux horaire, dont les meilleurs de la journée. Les entrevues que nous avons réalisées dans les stations ont d'ailleurs toutes confirmé le rôle central de ces émissions dans les programmations. À CHRC, Myriam Ségal disait de l'émission d'André Arthur: «c'est notre pain et notre beurre».

26

Malgré les efforts entrepris pour conserver ses auditoires face à la popularité croissante du MF, le MA connaît de sérieuses difficultés. En termes de parts de marché, les radios MA occupaient en 1976, au Québec, 77 % du marché de la radio et elles ont graduellement reculé jusqu'à 43 % en 1991[4].

Le Conseil de la radiodiffusion et des télécommunications canadiennes (CRTC), préoccupé par la santé financière de la radio MA, a rappelé, dans la politique de 1991 sur la radio MF, que son objectif est de maintenir la viabilité des deux radios. Lucie Audet, du CRTC, expliquait, en 1991, la voie choisie par l'organisme fédéral pour concrétiser cette préoccupation: «Nous avons [...] essayé pour le MA de maintenir le moins de règlements possible, tout en établissant des exigences très précises pour le MF[5]».

La politique du CRTC[6]

Le 29 juillet 1988, le CRTC présentait le *Projet de lignes directrices concernant les tribunes téléphoniques* (ci-après nommé *Projet*) pour «aider les titulaires à mettre en oeuvre les exigences de la Loi [sur la radiodiffusion] et des Règlements [de 1986 sur la radio et de 1987 sur la télédiffusion]». Les exigences dont il s'agit se résument à ceci: assumer l'entière responsabilité des émissions, équilibrer les points de vue sur les sujets d'intérêt public, produire des émissions de «haute qualité» et ne pas diffuser de propos offensants. Moyens proposés pour répondre à ces dispositions, les lignes directrices sont regroupées sous trois rubriques (voir à l'annexe D un tableau comparatif du *Projet* et des politiques internes de Radiomutuel et CHRC). Premièrement, en ce qui concerne les propos offensants, le CRTC propose qu'une personne filtre les appels avant leur entrée en ondes et qu'on utilise un système de délai permettant d'entendre les propos d'un participant quelques secondes avant leur diffusion afin de supprimer les éventuels écarts de langage. Il suggère aussi de vérifier les intentions des invités et des participants. Deuxièmement, sur l'exigence d'équilibre des points de vue, le CRTC souligne l'importance d'une bonne préparation de l'émission à laquelle devrait contribuer la consultation de spécialistes, le respect envers les participants quel que soit leur opinion de vue et le soin d'empêcher la prise de contrôle des tribunes par des groupes organisés. Enfin, pour s'assurer d'une qualité d'émission répondant aux «normes élevées» de la loi, le Conseil rappelle entre autres que les animateurs ne doivent pas défendre des intérêts personnels, qu'ils doivent être conscients des limites de leurs compétences et éviter le sensationalisme.

La majorité des radiodiffuseurs condamnèrent ce projet que le CRTC avait soumis à la consultation publique. Dans son mémoire, l'Association canadienne des radiodiffuseurs, qui regroupe 386 stations de radio et 57 stations de télévision[7], exprima d'abord sa confiance dans la tribune téléphonique:

> Les tribunes téléphoniques sont devenues le plus direct, le plus naturel et le plus spontané des forums favorisant la libre expression des points de vue en matière d'affaires publiques. À notre avis, elles contribuent à l'expression et à la consolidation d'une véritable démocratie et constituent une caractéristique essentielle d'une société démocratique sûre et mûre (CAB, 1988. Traduction de l'auteure).

L'Association invoqua le droit du public à l'information et soutint que les mesures du CRTC étaient ou bien impraticables, ou bien redondantes par rapport aux lois existantes. Elle exprima également sa crainte que soit complètement éliminée la fonction éditoriale de l'animateur. À ce propos, elle fit valoir que la meilleure garantie d'un traitement équilibré et équitable des questions controversées n'était pas l'imposition de mesures détaillées, mais la reconnaissance de la liberté éditoriale de l'animateur et, par conséquent, de sa responsabilité.

Le 23 décembre 1988, le CRTC annonçait qu'il retirait le *Projet*, et présentait du même coup sa *Politique en matière de tribunes téléphoniques*. Dans ce document, l'organisme se dit préoccupé par la conduite de ce genre d'émissions, compte tenu des plaintes reçues[8], mais il reconnaît la responsabilité dont font preuve, dans l'ensemble, les radiodiffuseurs (et télédiffuseurs). Il affirme n'être «pas convaincu qu'il soit nécessaire ou souhaitable pour le moment d'imposer des lignes directrices» et annonce qu'il continuera de traiter la question sur une base individuelle. La politique précise que les titulaires pris en faute doivent élaborer leurs propres lignes directrices et les faire approuver par le Conseil qui, au moment du renouvellement de la licence, en étudiera l'efficacité (c'est le traitement qui a été réservé en 1988 à CHRC en raison de plaintes contre André Arthur). Le CRTC incite par ailleurs tous les radiodiffuseurs qui inscrivent des tribunes à leur programmation à instituer des lignes directrices ou autres mécanismes de contrôle pour garantir le respect de la loi. Après ce qui pouvait laisser croire à une tentative pour resserrer les exigences en matière de tribunes, le CRTC s'en remet donc à la responsabilité des radiodiffuseurs et maintient un encadrement relativement souple. L'organisme a-t-il jugé préférable de ne pas trop accabler les stations MA, qui tirent de l'arrière depuis quelques années, d'autant que les tribunes sont l'un des piliers de leurs programmations? L'hypothèse est du moins plausible.

Quelles normes se sont données les stations?

En 1990, toutes les stations productrices des émissions étudiées ont une politique interne concernant les tribunes, sauf CJMT (Chicoutimi). Le réseau Télémédia, propriétaire de CJMT, n'a d'ailleurs rien statué sur le sujet. Ce qui frappe lors d'une première lecture de ces documents, c'est la parenté entre les règles qu'ils contiennent et celles que proposait le CRTC.

Ainsi, Radiomutuel qui possède les stations CJMS (le *Journal du midi*) et CJRP (*Réaction*) reprend un bon nombre d'extraits du projet du CRTC dans sa politique interne (*Politique de Radiomutuel en matière de contenus*). En ce qui a trait aux propos et langage offensants, on précise l'importance de la vérification des intentions des invités d'une tribune de même que le filtrage des commentaires d'auditeurs lus par l'animateur. Pour garantir l'équilibre des points de vue, Radiomutuel s'engage à la consultation de personnes-ressources et à la présence de spécialistes pendant les émissions, de même qu'il entend contrecarrer les tentatives de groupes organisés de prendre le contrôle d'une tribune. De la section des lignes directrices du CRTC sur les «normes élevées», l'entreprise retient le soin que doivent prendre les animateurs d'éviter les sujets controversés dans lesquels ils ont un intérêt personnel, le respect envers les participants, la responsabilité de mettre en doute les vues des participants et des invités, la vérification des faits avant leur diffusion et enfin l'interdiction de prodiguer des conseils hors des limites de leurs compétences.

Plusieurs principes qu'avait proposés le CRTC ne soulèvent donc pas de problèmes pour Radiomutuel. Cependant, les omissions que présente le document sont significatives. D'abord, Radiomutuel n'a ni repris la mesure visant à mettre en place un système de délai ni celle garantissant un filtrage des appels (seuls les commentaires lus par l'animateur font l'objet d'une sélection). À CJRP, le directeur de la programmation, Damien Rousseau, affirmait d'ailleurs en entrevue que lors de l'émission *Réaction*, les appels étaient directement transmis à l'animateur, en ondes, sans aucune vérification.

Deux autres omissions sont sans doute plus lourdes de sens puisqu'elles concernent des principes d'animation. La réserve du CRTC sur le «débat dynamique», qui ne doit pas faire en sorte que l'animateur soit plus critique ou plus exigeant envers des personnes qu'envers d'autres selon les opinions exprimées ne figure pas dans la politique de Radiomutuel. Et, plus intéressant encore, la mise en garde contre le «sensationnalisme» a été nuancée de la façon suivante: «les journalistes et les animateurs doivent éviter le jaunisme». Or, le concept de «jaunisme» est nettement plus péjoratif que celui de sensationnalisme puisqu'il tire ses origines de la presse populaire du début du siècle qui démontrait «un appétit insatiable pour les scandales» (Godin, 1981, p. 67) et n'hésitait pas à inventer des faits divers. Éviter le «jaunisme» est sans doute moins contraignant que d'éviter le «sensationnalisme», un terme d'ailleurs assez flou. Bref, Radiomutuel ne veut pas de règles susceptibles de diminuer l'attrait de ses émissions, comme en témoigne également cette observation sur la rigueur intellectuelle et professionnelle: «Elle ne signifie aucunement sévérité ou austérité, restriction, censure, conformisme ou absence d'imagination» (Radiomutuel, 1989, p. 3).

CHRC laisse voir cette même préoccupation dans son document. Avant de l'examiner de plus près, ouvrons une parenthèse sur les mesures spéciales prises par le CRTC à l'endroit de CHRC. En 1988, au moment du renouvellement de sa licence, le CRTC demandait au propriétaire de la station, Les entreprises de radiodiffusion de la Capitale inc., de soumettre de nouvelles lignes directrices pour remplacer celles en vigueur depuis 1985. Il n'accordait à la station qu'un renouvellement à court terme (20 mois), ce qu'il fit également les deux fois suivantes (12 mois, en 1990, et 12 mois également en 1991) en raison du non-respect des règles de la station par l'animateur André Arthur. Le CRTC exigeait en outre, pendant cette même période, que CHRC diffuse quotidiennement un message, immédiatement avant l'émission d'André Arthur, informant l'auditoire de l'existence d'une politique interne sur les tribunes. En août 1992, l'organisme fédéral mettait fin à ces conditions spéciales ayant constaté, selon les termes de la décision, que «la titulaire a pris conscience de ses préoccupations relatives aux tribunes téléphoniques» (CRTC, 19 août 1992, p. 3). Il renouvelait alors la licence de CHRC pour quatre ans en insistant sur l'engagement de la station à respecter ses propres lignes directrices.

La politique de CHRC (octobre 1990) reprend moins de passages du *Projet* que ne le fait celle de Radiomutuel[9]. Elle contient notamment: la «vérification préalable» des appels avant leur diffusion; la diversité des points de vue sur un sujet donné; la consultation et la présence éventuelles de spécialistes; la vigilance à l'égard des tentatives de prise de contrôle d'une tribune par un groupe de participants; et le respect envers les participants («les égards élémentaires qu'on doit accorder aux personnes dans une société libre et démocratique») (CHRC 80, octobre 1990, p. 7). Les préoccupations de la station quant à la liberté d'expression et à la popularité de ses émissions y sont cependant clairement signifiées. On peut lire:

> 22. Les animateurs peuvent faire connaître leur opinion personnelle sur un sujet donné et même défendre cette opinion [...].

> 26. Il est rappelé qu'un débat dynamique constitue un élément important des tribunes téléphoniques, un élément qui est tout particulièrement apprécié par les auditeurs de CHRC. En conséquence, l'animateur peut en tout temps exprimer un point de vue différent de celui exprimé par l'intervenant (p. 7).

Évidemment, la pression qu'exerce le CRTC sur CHRC suscite de vives critiques chez les principaux concernés. La directrice de l'information, Myriam Ségal, qui anime la tribune téléphonique quand André Arthur est absent, confiait ces propos en entrevue: «C'est bien plus une stratégie de fonctionnaires en mal de pouvoir que d'avoir exigé des lignes directrices. C'est: on n'a pas de corde pour vous pendre, mais on va vous demander de vous en tricoter une». Elle ajoutait aussi un commentaire plus général illustrant la logique des radiodiffuseurs privés: «le seul censeur qu'un poste de radio doit accepter c'est le public. Et le public, il a une façon de voter qui est très simple, il change de poste. Et pour nous c'est dramatique. Ça atteint directement notre portefeuille».

Radio-Canada ne fonctionne pas selon les mêmes critères. Cette société d'État est financée en majeure partie par le gouvernement fédéral[10] de sorte que sa santé financière et ses activités ne dépendent pas des recettes publicitaires comme c'est le cas des stations privées. La préface de la *Politique journalistique* de la Société, un petit livre de 129 pages, précise en ce sens que «la programmation ne doit pas se limiter à satisfaire les plus grands auditoires[11]». Son statut de service public de radiodiffusion lui impose la mission de fournir une information équilibrée, équitable, impartiale, approfondie.

Ainsi, le principe suivant lequel elle ne prend pas de position éditoriale dans sa programmation commande l'impartialité aux animateurs. Plusieurs passages du document y font référence dont celui-ci:

> Il est [...] capital, pour garder la crédibilité de leurs propos, que les animateurs et intervieweurs s'abstiennent d'engagement personnel, non seulement lorsqu'ils s'adressent au public, mais encore dans leur façon d'animer une discussion ou dans le choix de leurs questions (p. 16)

De même, on peut lire que les professionnels de l'information ne doivent pas tirer profit de leur situation pour faire valoir des idées personnelles et que l'information doit refléter impartialement les points de vue significatifs (p. 7). Le commentaire demeure en fait réservé aux «commentateurs invités» auxquels la Société a recours «pour porter un jugement sur les affaires publiques» (p. 16).

Peu de choses concernent spécifiquement les tribunes téléphoniques dans la politique de Radio-Canada. Il y est question notamment de la menace de l'envahissement des tribunes par des groupes organisés et d'une mécanique prévoyant un délai de diffusion:

> Afin de passer au crible tout propos qui contreviendrait aux lois ou à la politique de la SRC, on aura recours à des procédés techniques convenables; il faut aussi protéger les émissions contre l'envahissement organisé de groupes de pression ou contre l'accès d'individus irresponsables. Cela devrait se faire grâce à de brèves entrevues préalables par un «examinateur», en plus d'une mécanique prévoyant un délai de diffusion (p. 62).

Le document insiste aussi sur l'interdiction de suggérer que les tribunes constituent des sondages d'opinion scientifique, une mise en garde que ne formule même pas le CRTC dans les avis publics dont nous avons parlé.

Les ressources humaines et matérielles

Notre revue de quelques dimensions d'analyse des tribunes téléphoniques se porte maintenant sur des aspects plus concrets, directement liés au produit radiophonique. Les animateurs et leur équipe, la question des budgets et certains procédés de réalisation des émissions retiennent ici l'attention.

Les animateurs et leur équipe

Les animateurs, tous des hommes, ont aussi en commun de posséder une longue expérience au sein des médias. Gilles Proulx (CJMS) anime à la radio depuis 1962 et a aussi exercé son métier quelques années à la télévision. Titulaire d'un baccalauréat en communication et d'une maîtrise en histoire, il a donné des cours de journalisme-radio à l'Université de Montréal (1979-1990) et compte à son crédit quelques ouvrages sur l'histoire de la radio. L'animateur du *Midi dix*, Michel Lacombe, compte 22 ans d'expérience journalistique. Outre son passage à la Tribune de la presse à l'Assemblée nationale, tout près des officines du pouvoir, il a fait partie, à Radio-Canada des équipes du *Point* et de *Présent national*.

Animateur-vedette de la ville de Québec, André Arthur, surnommé le «roi Arthur», a étudié en sciences politiques puis a occupé, en 1971, le poste de chef de cabinet du ministre provincial d'État aux Finances, Jean Bienvenue. Il entre ensuite à CHRC et y anime bientôt une tribune qui alliera l'information et l'entrevue, selon diverses formules, tout en travaillant parallèlement à Télé-4 pendant quelques années, notamment comme lecteur du bulletin de nouvelles du début de soirée. En conflit avec CHRC en 1982, il déménage, avec son auditoire, à CJRP. Comme le rappelle l'historien Elzéar Lavoie, cette tactique permet à Arthur de revenir en force à CHRC en 1984, en devenant copropriétaire de la station alors en difficultés financières.

De Louis Champagne on peut sans doute dire qu'il est le phénomène de la radio en région au Québec, du moins en ce qui a trait à la popularité d'un animateur. Avant d'arriver à Jonquière, en 1971, il travaille surtout dans l'est du Québec, ayant débuté au micro de CHGB (La Pocatière) à l'âge de 15 ans. De 1971 à 1987, il est au micro de CKRS où son émission *Champagne pour tout le monde* atteint les sommets des cotes d'écoute à partir de 1974. En 1987, à la faveur de cette popularité, il quitte la station de Jonquière pour sa rivale de Chicoutimi, CJMT (du réseau Télémédia), drainant son auditoire comme l'avait fait Arthur en 1982. Ce départ a signifié pour CKRS des pertes en revenus publicitaires d'un million de dollars (Lemelin, *Le Quotidien*, 3 décembre 1991). D'autres chapitres s'écrivent, depuis décembre 1991, dans la guerre CKRS-CJMT, au centre de laquelle se trouve Champagne. Radiomutuel s'est d'abord porté acquéreur de CKRS qui, au bord de la faillite, menaçait de fermer ses portes et a convaincu Louis Champagne, à l'aide d'arguments pécuniaires de poids, de revenir à Jonquière. Avant que ne se concrétise le départ de l'animateur,

Radiomutuel et Télémédia annonçaient, en janvier 1992, le jumelage des stations CKRS et CJMT, un projet ultérieurement refusé par le CRTC et qui eut constitué une première canadienne[12].

Et que se passe-t-il enfin depuis le retour de Champagne à CKRS en septembre 1992? La station moribonde quelques mois auparavant fracasse des records d'écoute avec l'émission de Champagne. L'animateur, à l'endroit duquel des poursuites totalisant plusieurs millions de dollars ont été intentées, prouve une fois de plus le pouvoir énorme qu'il détient dans l'industrie radiophonique du Saguenay–Lac-Saint-Jean.

Simon Bédard débute à la radio en 1963 à Chicoutimi. On sait en outre qu'il a rempli la fonction de directeur général du magazine *Actualité*[13] au tournant des années 1970. Mais c'est pour son travail au sein d'organismes à caractère social (notamment Télé-Médic[14]) que CJRP engage cet animateur au milieu des années 1980. Damien Rousseau rappelle que CJRP cherchait «une espèce d'ombudsman des ondes, quelqu'un pour faire écho aux diverses causes sociales». En septembre 1991, *Réaction* est retirée de la programmation et Simon Bédard se retrouve en compagnie de Jean-François Bertrand à *Face à face*, une émission diffusée tous les midis. CJRP, toutefois insatisfaite de la prestation de l'animateur, le congédie en mars 1992.

La taille de l'équipe dont bénéficient les animateurs varie considérablement d'une station à l'autre et semble directement liée à la formule même de l'émission. Les trois émissions qui ne constituent pas uniquement des tribunes téléphoniques sont produites par des équipes plus nombreuses. Ainsi, le *Midi dix* repose sur le travail commun d'un réalisateur et de son assistant, de deux recherchistes, de trois journalistes et d'un technicien à la mise en ondes. Centrée sur l'information, *Midi dix*, d'une durée de 45 minutes, ne consacre qu'environ 18 minutes aux échanges avec l'auditoire. Précédant le volet tribune, la première partie de l'émission se compose majoritairement d'entrevues menées par l'animateur en direct ou retransmises en différé et d'entretiens avec les journalistes qui présentent leurs propres interviews.

Plus modeste que celle de la société d'État, l'équipe de CJMS affectée au *Journal du midi* comprend tout de même deux recherchistes, une réceptionniste et deux techniciens. Comme Gilles Proulx mène une douzaine d'entrevues variant de quatre à six minutes chacune, une recherche et une préparation adéquates s'imposent. Même si le *Journal du midi* est souvent confondu avec sa tribune téléphonique, celle-ci n'occupe qu'une demi-heure sur les 2 h 30 de temps d'antenne. Des commentaires d'auditeurs sont aussi communiqués par une recherchiste lors de deux blocs de cinq minutes.

Champagne pour tout le monde est également définie par la station productrice, en l'occurrence CJMT, comme une émission d'affaires publiques. L'animateur est entouré d'un ou deux journalistes, attachés à l'émission, mais toute la salle de nouvelles (sept journalistes) peut y participer, selon ce que confiait Sarah Tremblay, directrice de la programmation. L'équipe compte également une personne aux sports et un technicien à la mise en ondes. Diffusée entre 6 h et 10 h, la «locomotive du matin[15]» à CJMT se compose d'entrevues (au moins trois), de blocs d'information (totalisant entre 28 et 44 minutes) et de commentaires de l'animateur sur l'actualité. La tribune occupe généralement la dernière heure de l'émission.

Les tribunes téléphoniques proprement dites nécessitent moins de ressources. Nos interlocuteurs de CJRP et CHRC ont expliqué que seul un metteur en ondes est attitré à leur émission, mais que, selon les besoins, les journalistes de la salle de nouvelles apportent leur contribution. À CJRP, l'animateur de *Réaction* «pouvait compter sur le soutien des équipes de recherche des autres émissions», selon les termes de Damien Rousseau. Mais règle générale, Simon Bédard ne faisait pas d'entrevue; il sollicitait les appels des auditeurs entre 15 h et 17 h. En ce qui concerne l'émission d'André Arthur, Myriam Ségal résume comme suit le fonctionnement général du secteur de l'information à CHRC: «tout le monde travaille pour la prochaine émission d'information». Et pendant l'émission, lorsqu'un appel suscite une question qu'on juge intéressante à fouiller, un journaliste ou un recherchiste commence la cueillette d'information. Mais autant à CHRC qu'à CJRP, la préparation, plutôt rudimentaire, consiste davantage à déterminer la ligne maîtresse de l'émission, qui évoluera au gré des appels, qu'à en planifier tout le cheminement.

Un secret bien gardé: le budget des émissions

La formule classique de la tribune téléphonique réalisée par un animateur et son metteur en ondes peut en principe se révéler très économique. Cependant, comme on le constate, la tribune traitant de l'actualité s'insère souvent (trois cas sur cinq dans notre échantillon) dans une émission d'affaires publiques qui nécessite davantage de ressources.

D'autre part, les stations misent beaucoup sur la popularité des animateurs qu'elles consentent à payer très cher. Madeleine Audet notait à ce propos:

> Les choix que la radio MA a dû faire pour consolider sa position dans le marché sont des choix dispendieux. Lorsqu'on axe une programmation sur l'information, il faut engager des journalistes, équiper une salle de nouvelles, s'adjoindre des recherchistes, sans oublier les animateurs d'émission d'affaires publiques que les stations s'arrachent à prix d'or (Audet, *Le Devoir*, 9 juillet 1991).

Le phénomène des salaires très élevés des vedettes radiophoniques est connu, mais peu documenté. Sur le budget annuel de chacune des émissions, dont le traitement de l'animateur est sans doute la donnée la plus déterminante, nos interlocuteurs sont demeurés muets. En fait, seul Damien Rousseau de CJRP, a fourni une approximation du budget de *Réaction* pour 1990: environ 150 000 $.

Un article du *Quotidien* du 25 juillet 1990 rapporte par ailleurs, de «source fiable», que Louis Champagne avait signé un contrat avec CJMT lui assurant un traitement annuel de 200 000 $. Le journaliste écrivait: «Louis Champagne devient l'animateur de province le mieux payé, non seulement au Québec, mais probablement même à travers le pays[16]». Il cite également Champagne qui soutient qu'André Arthur est le mieux payé à l'échelle canadienne, et qu'à Montréal quelques animateurs «gagnent autour de 300 000 $».

Quelques procédés de réalisation

Qui sélectionne les appels et selon quels critères? Existe-t-il un filet pouvant censurer des propos inopportuns? Quelle voix prédomine et enterre l'autre lorsque l'animateur et l'auditeur tentent de prendre la parole en même temps? La facture des émissions repose en partie sur un certain nombre de procédés plus techniques de réalisation. Examinons le filtrage des appels, le système de diffusion en différé – boudée par toutes les stations – et l'usage d'appareil de compression de la voix (ou d'équilibrage des voix).

Radio-Canada adopte la façon la plus formelle de prendre les appels. La tribune du *Midi dix* est en effet la seule qui exige des participants qu'ils s'identifient et indiquent leur lieu de résidence. Une recherchiste note ces renseignements et demande un aperçu du commentaire ou de la question que formulera l'auditeur. Elle transmet le tout au réalisateur qui, ainsi, connaît la substance de l'intervention de l'auditeur avant de lui laisser la voie libre. Denis Simard affirmait en entrevue qu'il ne filtre pas les appels si ce n'est qu'il essaie de faire passer une brochette d'opinions et de varier les interventions selon le sexe et la situation géographique des participants. On peut y voir une forme de filtre puisque le réalisateur détermine, tout au moins, un certain ordre dans la présentation des commentaires. Il privilégie aussi les gens qui n'ont jamais téléphoné aux habitués[17].

À l'opposé du *Midi dix*, *Réaction* (CJRP) et *Champagne pour tout le monde* (CJMT) ne prévoient aucune étape préalable où l'on puisse s'informer du commentaire des participants avant leur entrée en ondes. Sarah Tremblay, de CJMT, disait en entrevue qu'on a déjà proposé à Louis Champagne de filtrer les appels, mais que celui-ci préfère s'adresser directement aux auditeurs sur les ondes.

Entre ces deux extrêmes, on retrouve les émissions de Gilles Proulx et d'André Arthur. Au *Journal du midi* (CJMS), une réceptionniste prend les appels et s'assure de ne laisser passer ni «noyauteurs» (nous y reviendrons) ni «incohérents», ni «habitués usés», selon les termes de Proulx. En ce qui concerne le volet lecture de commentaires d'auditeurs, Proulx affirme qu'aucune censure n'est effectuée.

André Arthur demeure le seul animateur à filtrer lui-même les appels. Pendant les pauses commerciales, il s'informe du sujet dont veut parler l'auditeur et suivant «l'intérêt que peut présenter la discussion pour le public[18]», il décide de le passer ou non en ondes.

Il est intéressant de noter que sur la notion de filtrage, tous nos interlocuteurs ont exprimé une méfiance ou du moins une réserve. Même dans le cas des émissions où il existe une forme de sélection, on commençait par dire qu'on ne filtrait pas, pour ensuite expliquer la façon de procéder. Denis Simard, Myriam Ségal et Gilles Proulx ont tous répondu ainsi. Le terme évoque-t-il trop celui de «censure» pour les gens de la radio? C'est peut-être aussi pour cette raison que Damien Rousseau de CJRP et Sarah Tremblay de CJMT semblaient fiers de dire qu'ils ne filtraient pas les appels, même si c'est en fait un procédé que recommande le CRTC afin d'empêcher la diffusion de propos offensants.

Bien sûr, les animateurs exercent une certaine sélection lors des échanges avec les participants. Par exemple, ils détectent semble-t-il assez facilement les tentatives d'envahissement des tribunes par les groupes organisés, d'après ce qu'ont révélé nos interlocuteurs. Les animateurs mettent rapidement fin aux appels lorsqu'ils se rendent compte qu'un participant lit un texte ou défend une position suivant une ligne idéologique trop évidente. Semble-t-il que c'est lors des périodes électorales que les tribunes deviennent le plus sujettes à ces tentatives. C'est pourquoi à CHRC, selon Myriam Ségal, Arthur évite alors d'orienter les discussions sur les élections et, s'il le fait, il limite le temps et n'annonce pas le sujet à l'avance, «de manière à prendre de court les organisations».

La diffusion en différé permet une autre forme de filtrage. Dans son projet de lignes directrices, le CRTC proposait que les stations mettent en place un tel système – comme l'avaient déjà expérimenté certaines d'entre elles jusqu'en 1975, selon Gilles Proulx. Ce mécanisme, qui crée un intervalle de sept secondes entre le moment où parle le participant et celui où ses propos sont diffusés, permet au radiodiffuseur de couper les propos malvenus.

Comme d'autres moyens préconisés par le CRTC, celui-ci n'a pas reçu l'assentiment de l'industrie qui a fait valoir l'argument des coûts. «Si le CRTC entend ramener ce système, plusieurs animateurs s'entendent pour dire que ça exigerait davantage de personnel et que les radios et les télévisions n'ont plus les moyens de se payer de tels mécanismes» (Ferland, *Le Devoir*, 5 août 1988).

Aucune des émissions à l'étude n'utilise le système de diffusion en différé. Myriam Ségal, de CHRC, a élaboré davantage que les autres interviewés sur cette question. Il faut dire que le CRTC a reproché à CHRC en 1989 de ne pas mettre en place un tel système[19]. Pour Ségal, le délai n'est pas suffisamment long pour permettre de juger vraiment de la teneur des propos et d'intervenir. «En sept secondes de délai, vous ne pouvez pas censurer un propos haineux, vous pouvez juste censurer un gros mot». La tâche revient donc à l'animateur, en principe, de signifier au participant qu'il surveille son langage et de couper la ligne s'il le faut.

Enfin, à un niveau plus technique, l'auditeur d'une tribune peut remarquer que l'animateur possède parfois, outre le pouvoir de décider du cadre et de la durée des échanges avec les participants, celui de faire taire automatiquement son interlocuteur en prenant tout simplement la parole. Le phénomène se présente ainsi: si le participant a la parole et que l'animateur intervient, du même coup, selon un procédé relevant de la mise en ondes, la voix du premier devient inaudible. En effet, certaines stations utilisent un dispositif permettant à l'animateur de maintenir plus facilement le contrôle de la discussion en lui accordant ainsi la priorité. À

Radio-Canada, on a recours au «Telnox» (priorité active), un appareil que le réalisateur décide de brancher ou non, selon les circonstances, et qui produit cet effet. Pendant la tribune téléphonique celui-ci demeure toujours en fonction.

À l'inverse, CHRC a installé dans son studio un appareil dit «hybride», qui permet justement la simultanéité des voix, aucune ne prédominant automatiquement sur l'autre, selon ce qu'a confié Myriam Ségal. Cet appareil que CHRC utilise depuis 1988 permet toujours à celui qui parle d'entendre l'autre, bref comme dans une conversation normale. Dans les trois autres stations, on nous a dit utiliser simplement le système téléphonique conventionnel.

LES PROTAGONISTES DES ÉMISSIONS ET LEUR STYLE D'ANIMATION

Les animateurs évoluent dans des milieux de production qui comportent leurs objectifs, leurs règles et leurs contraintes. Les styles d'animation témoignent de ces contextes, tout comme de la personnalité et de l'expérience des animateurs. Nous proposons maintenant un bref portrait des cinq émissions qui tirera profit des données sur les contextes de production et qui s'attarde d'abord au ton de l'animation. Lorsque l'on écoute les émissions les unes à la suite des autres, le ton est la première dimension qui s'impose à l'analyse étant donné le rôle de protagoniste des animateurs et leurs manières différentes de jouer ce rôle. En deuxième lieu sera examinée l'interaction entre l'animateur et les participants de la tribune. Comme nous le verrons, l'attitude qu'adopte l'animateur avec ses interlocuteurs n'est pas sans conséquence sur le ton et la nature des interventions des participants. Nous illustrerons l'analyse avec des extraits des émissions du mois d'août 1990 et nous tenterons de situer les unes par rapport aux autres quelques positions des animateurs à l'égard de la crise amérindienne (voir l'annexe B qui résume les événements survenus entre le 12 et le 31 août).

Gilles Proulx et le *Journal du midi*

L'émission d'affaires publiques le *Journal du midi* est à l'antenne de CJMS depuis le 20 juin 1984. À l'été 1990, Gilles Proulx en est toujours le maître d'oeuvre.

Proulx offre un véritable spectacle à ses auditeurs. Il hausse tantôt la voix et s'indigne[20], il caricature tantôt une situation et éclate de rire ou encore il murmure au micro à la manière de l'acteur qui s'adresse en aparté au public. En entrevue, il confiait: «la radio est un média sensationnaliste, il faut des éclats, de l'émotion, des éléments spectaculaires». Le 20 août, à son retour de vacances, le ton est très agressif. L'animateur présente son analyse de la crise amérindienne et élabore particulièrement sur le thème de la «majorité bafouée». Voici un extrait significatif:

> J'ai jamais vu une maudite nation aussi folle que la nôtre. J'ai jamais vu ça un peuple de Ding et Dong que l'on «barouette», que l'on méprise, qu'on y crache dans le visage, qu'on pratique du racisme à son égard pis on fait croire dans les médias que c'est lui qui est raciste pis xénophobe.

L'animateur du *Journal du midi*, qui se décrit en entrevue comme un «homme engagé», ponctue régulièrement son discours de «mesdames et messieurs» et parle sur le ton de l'orateur public. Cherchant à persuader son auditoire, il fait souvent fi des nuances et utilise un langage cru. Ainsi les dirigeants de l'Association nationale des étudiantes et étudiants du Québec, qui donnent leur appui aux Mohawks, se font traiter «d'idiots, d'ignorants, d'incultes, d'imbéciles» et... «d'homo sapiens» (20 août)! Les amateurs de bingo s'étant rendus assouvir leur passion du jeu à Akwesasne, alors que «la nation est en danger», sont surnommés «les petites, les moyennes et les grosses torches».

«La dérision et la moquerie, nous dira Proulx en entrevue, font le succès du *Journal du midi*». Selon lui, le public se dit: les nouvelles sont déprimantes, mais au moins Proulx nous fait rire. Le style frondeur de l'animateur recueille une certaine popularité si l'on se fie aux commentaires d'auditeurs le félicitant de ses positions. Le 27 août, on lui dit: «vous êtes un vrai Québécois». Une semaine auparavant, une auditrice avait dicté ce bon mot à la recherchiste de l'émission: «enfin quelqu'un qui a une colonne vertébrale, on vous aime».

Avec les participants de la tribune, Proulx n'entretient pas systématiquement une attitude de confrontation. Il faut dire que très souvent les gens dont on lit les commentaires ou avec lesquels il discute sur les ondes partagent ses vues. On pourrait y voir l'effet d'une sélection préalable, mais rappelons que, selon Proulx, seuls les «noyauteurs» et les «incohérents» sont interceptés par la réceptionniste. L'objectif de la tribune ajoutait Proulx, est de «refléter une majorité silencieuse». Tout ce qui peut être affirmé ici, c'est que dans les éditions du *Journal du midi* analysées, les interventions du public se présentent un peu comme le miroir des propos de l'animateur.

Par ses interventions sur la crise amérindienne, Gilles Proulx adopte en quelque sorte le rôle de porte-parole d'une population inquiète et révoltée de ce qui se passe aux barricades. Il affiche très clairement ses couleurs nationalistes dans son analyse de la situation: les Québécois (c'est-à-dire la majorité francophone) sont trop tolérants et s'en laissent imposer par une minorité qui, au surplus, s'exprime en anglais. Nous verrons que ce discours est aussi familier aux auditeurs de Simon Bédard (CJRP) et de Louis Champagne (CJMT).

Proulx cherche manifestement à attiser un sentiment d'indignation. Avec son sens du drame, il brosse un tableau manichéen où sont bien campés les bons d'un côté, les méchants et les traîtres de l'autre. Dans ce contexte, une réaction de tolérance à l'égard des événements représente pour lui un analgésique.

C'est justement une trop grande tolérance qu'il reproche aux «intellectuels qui ont endossé leur uniforme de culpabilisés et qui sont venus nous dire qu'on était des méchants». Proulx prononce une terrible condamnation pour ces traîtres à la nation: «si on était dans une dictature, ça fait longtemps qu'on aurait passé ça au mur» (27 août)! La même journée, il débute une entrevue avec un homme qui a dû évacuer son domicile en demandant:

> Comment est-ce que vous trouvez les déclarations de ces gens, ces intellectuels qui y vont avec toutes sortes d'histoires, que nous on bloque, qu'on est méchant, qu'on est raciste, qu'on a des bâtons de baseball pis on empêche les petits Warriors de circuler librement. Ils n'ont plus de lait, ils n'ont plus de chocolat, de ci et de ça. Pis nous, ben on n'en parle pas!

En somme, Proulx se fait acteur dans cette crise, comme l'atteste entre autres le «nous» de la citation précédente, et agit en «motivateur[21]». Quand les participants de la tribune expriment leur exaspération ou que des invités relatent des actions de protestation face à la lenteur des gouvernements, l'animateur s'écrie souvent: «Bravo, lâchez pas!». Son rôle de «motivateur» va parfois beaucoup plus loin cependant et s'apparente davantage à celui d'agitateur. Reprochant par exemple aux Mohawks de ne pas acquitter leurs comptes d'Hydro-Québec et surtout à la société d'État de ne pas prendre les moyens pour se faire payer, il incite les auditeurs à protester: «J'encourage tout le monde à ne pas payer son compte d'électricité dans ce cas-là». Enfin, à Oka, où il anime sur place l'émission du 31 août, Proulx tente du mieux qu'il peut de remonter le moral des troupes: «Si à Châteauguay l'esprit est encore à la revendication, ici on a vraiment l'impression [...] qu'on va finir par se faire avoir, car le temps joue bien en faveur d'un groupe par rapport à un autre».

L'animateur du *Journal du midi* est sans doute celui qui, de nos cinq vedettes radiophoniques, défend sa position sur la crise avec le plus d'intransigeance. Se sachant évidemment contesté, il évoque à maintes reprises certaines critiques et justifie son style d'animation. Par exemple, il ajoute, après l'invitation qu'il lance à ne pas payer les comptes d'Hydro-Québec. «Pis là, vous allez essayer de m'arrêter, hein?». Il mentionne aussi, à la suite d'une entrevue avec un négociateur mohawk, qu'il a «laissé parler son invité pour ceux qui appellent ici pis qui disent que je passe mon temps à couper la parole pis qu'il y a juste moi qui a raison» (28 août). Proulx fait même état, à son retour de vacances, de critiques provenant de son employeur. Une recherchiste lit le commentaire d'un homme qui «remercie le patron de CJMS de vous permettre (à l'animateur) de dire ce que vous pensez...». Proulx l'interrompt et laisse échapper: «Ah, ça les agace, ça les agace, ça les agace». Même si le *Journal du midi* procure à CJMS ses plus forts auditoires, l'impact que cherche à créer Gilles Proulx dérange peut-être parfois les dirigeants de la station. C'est du moins ce que laissent croire les paroles de l'animateur.

André Arthur et sa tribune du matin

André Arthur entre en ondes à 8 h, du lundi au vendredi, tout de suite après une heure d'information animée par Myriam Ségal. Centrée sur la tribune téléphonique, l'émission comporte aussi des entrevues, sans toutefois que ne soit fixé un canevas bien précis. On détermine rarement une «question du jour», ce qui laisse aux auditeurs le choix des sujets. Myriam Ségal, directrice de l'information, se réjouit d'ailleurs de cette forme de tribune «qui amène quotidiennement deux ou trois sujets de nouvelles aux journalistes». Ceux-ci fouillent, en effet, certaines histoires racontées par des auditeurs de manière à en tirer des reportages. De même, quand un sujet pique la curiosité, l'animateur questionne le public pour en savoir plus long. L'émission se construit donc au fur et à mesure des témoignages.

L'écoute des éditions du mois d'août 1990 révèle de façon très nette le style sarcastique de l'animateur. Celui-ci répond d'ailleurs à une auditrice qui l'accuse d'être sarcastique: «je gagne ma vie avec mes sarcasmes!» (13 août).

L'utilisation courante de surnoms pour désigner certains personnages publics en témoigne de façon indéniable. Voici des extraits du glossaire d'Arthur: le premier ministre Robert Bourassa, sans doute le plus souvent attaqué, est appelé le «mollusque tapettoïde» ou encore la «moumoune nationale»; Gil Rémillard, ministre de la Justice, devient «Dracula» et le caporal Marcel Lemay est surnommé «l'un des excités de la Sûreté» (qualificatifs notamment utilisés le 13 août).

Contrairement à l'animateur vedette de CJMS, qui prend nettement parti en se rangeant du côté de la «majorité bafouée», Arthur conserve généralement la distance qu'impose le sarcasme. Ce qui ne l'empêche pas, bien au contraire, de ridiculiser les divers acteurs de la crise et de mettre à l'oeuvre son «scepticisme fonctionnel[22]». Il s'amuse d'ailleurs particulièrement du fait que des nationalistes québécois s'indignent contre la revendication souverainiste des Amérindiens. Le 27 août, il intercale ce commentaire dans le thème musical qui ouvre l'émission:

> Il faut-y qu'ils soient assez fous ces Indiens pour venir parler de souveraineté-association! [...] Quand c'est nous autres, c'est intelligent, quand c'est eux autres, c'est des maudits fous? Est-ce qu'il n'y aurait pas ici un petit effet double standard?

Outre le sarcasme, Arthur semble se plaire à pratiquer l'art de l'argumentation. Il émet toutes sortes d'hypothèses et s'exerce à démontrer leur bien-fondé, mais ses explications sont parfois tirées par les cheveux. Le 14 août, il soutient que si la Sûreté du Québec avait utilisé ses tables d'écoute pour surveiller les activités des Warriors au lieu d'enregistrer ses émissions dans le but de porter plainte contre CHRC, l'ampleur de l'armement des Warriors aurait été connue depuis longtemps. Le lien ne tient vraiment pas de l'évidence. Rappelons qu'en cette période de l'été 1990, CHRC attend toujours la réponse du CRTC quant au renouvellement de son permis et que l'organisme étudie une plainte déposée conjointement par la SQ, l'éditeur du *Soleil*, Robert Normand, et les maires de la Communauté urbaine de Québec. Arthur ne manque donc pas une occasion d'attaquer ses adversaires.

D'autres analyses ne reposent que sur des présomptions. Ainsi, le 13 août, Arthur affirme savoir pourquoi Claude Ryan et non pas Sam Elkas, alors ministre de la Sécurité publique, s'est rendu aux barricades pour tenter «d'intimider un peu la Sûreté». Il explique longuement que seul un ministre au sujet duquel la SQ ne détient aucune information embarrassante pouvait accomplir cette mission. L'hypothèse s'inscrit dans le discours de l'animateur sur la menace que le Québec devienne une «dictature policière».

Les participants de la tribune sollicitent souvent l'éclairage d'Arthur sur tel ou tel aspect d'une situation, donnant autant d'occasions à ce dernier d'énoncer ses théories et de jouer au professeur. On se rappelle que le 12 août, des manifestants de «Solidarité Châteauguay» venus exprimer leur impatience sur le pont Saint-Louis-de-Gonzague s'étaient fait assez violemment disperser par la SQ. Le 14 août, un auditeur se demande ce qu'il y a de répréhensible dans le geste de la SQ qui a confisqué la cassette d'un cameraman de CBC, témoin de l'opération policière. Arthur expose alors avec empressement la différence entre le matériel journalistique rendu public, et donc disponible, et le matériel non encore diffusé. Il compare la cassette confisquée aux notes que prend un journaliste de la presse écrite avant la rédaction d'un article. La démonstration paraît tout à fait convaincante aux yeux de l'auditeur qui, apparemment satisfait de la leçon, remercie l'animateur.

Si Arthur aime argumenter, il n'en attend pas moins des auditeurs qui téléphonent. Contrairement à Gilles Proulx et à Simon Bédard qui encouragent l'expression simple des frustrations et de l'impatience des gens face à la crise, l'animateur de CHRC exige que ses interlocuteurs s'aventurent au-delà et analysent quelque peu la situation. Myriam Ségal décrivait de façon juste la stratégie d'Arthur en disant qu'il pousse les auditeurs dans leurs retranchements logiques. À défaut d'aller plus loin que la réaction émotive, des auditeurs se font carrément fermer la ligne au nez. C'est ce qui se produit, le 16 août, lorsqu'un homme débute son intervention en affirmant que sa haine envers les Indiens se compare à celle des Palestiniens envers les Juifs. Au bout d'à peine une vingtaine de secondes, Arthur l'interrompt et lui dit: «Monsieur, prenez une valium OK? Bonne journée!».

Plus souvent qu'autrement la vedette de CHRC tourne en ridicule les opinions qu'elle ne partage pas. Une auditrice qui fait part de sa crainte qu'un Québec souverain ne puisse plus bénéficier des loyaux services de l'Armée canadienne, demande à Arthur ce qui se passerait dans des situations de crise. «Ciel! On appellerait les zouaves, madame!» répond ce dernier (24 août). Dans ce cas-ci, le ton demeure amusé, mais il arrive également que les remarques formulées pendant la conversation ou tout de suite après soient brusques et agressives.

Les participants se prêtent en fait à de petits duels, ce qui constitue un élément central du spectacle radiophonique. Arthur confiait justement lors d'une émission produite par Télécom 9 (Québec, octobre 1991):

> Ceux qui téléphonent sur les émissions de tribune téléphonique le font à leurs risques et périls. Ce sont des figurants bénévoles [...]. L'obligation, c'est d'être intéressant pour ceux qui écoutent, pas pour ceux qui participent. Eux, on s'en fout.

Le discours d'Arthur sur la crise tranche nettement avec ceux de Gilles Proulx et Simon Bédard. Il rejette complètement la thèse du complot fédéraliste et refuse même d'analyser le conflit à l'intérieur du cadre des relations Ottawa–Québec. Les auditeurs qui prétendent, durant les deuxième et troisième semaines d'août, que l'armée n'intervient pas parce qu'il s'agit d'Indiens et qu'elle l'aurait fait, comme en 1970, si des «Québécois» avaient dressé les barricades ne récoltent que les railleries de l'animateur. Il ne tolère pas plus l'accusation d'inaction portée contre le gouvernement fédéral qui, selon lui, ne se conduit ni mieux ni pire que d'ordinaire. À un homme qui suggère que si Ottawa avait réglé le problème des terres à Oka, aucun incident ne se serait produit, Arthur demande: «Est-ce que vous allez tomber dans l'infantilisme québécois habituel: c'est la faute à Ottawa?». En fait, l'animateur ne veut pas s'éloigner de ces cibles privilégiées tout au long de cette période, soit le gouvernement du Québec et son corps de police. Il s'en prend à la lenteur, l'inaction et l'incurie du gouvernement Bourassa et critique la compétence et les stratégies de la SQ.

Dans son discours sur la crise, les Amérindiens occupent finalement une place très secondaire. L'animateur ne perçoit aucune menace de leur part, à l'inverse de Gilles Proulx. Par contre, il ne manque pas de les attaquer: «Quand on aura fini de leur payer des maisons, quand ils auront commencé à s'équiper eux-autres mêmes [...] après ça on négociera d'égal à égal» (16 août); «S'ils veulent ravoir leurs terres, je suis bien prêt à leur donner, mais ils vont me redonner mes toilettes à l'eau». Les deux derniers commentaires indiquent qu'Arthur ne souffre pas du complexe du «culpa-bilisé», selon l'expression utilisée par Gilles Proulx dans sa diatribe contre les intellectuels, c'est-à-dire qu'il ne juge pas qu'en raison d'un passé colonialiste, les Blancs aient une dette envers les Amérindiens: «Quelle est la motivation à régler ça? Mais qu'est-ce qu'on leur doit à ces gens-là?» (28 août); «Moi j'ai 46 ans, n'importe quel Indien qui n'en a pas 47, j'étais ici avant lui!».

Simon Bédard et *Réaction*

Réaction, qui a quitté l'antenne de CJRP à la fin du mois d'août 1991, existait depuis près de dix ans. Elle s'était promenée d'un créneau horaire à l'autre, en empruntant diverses formules sans toutefois changer de titulaire. Damien Rousseau, directeur de la programmation à CJRP, rappelle que c'est lorsqu'elle s'est inscrite à l'heure du retour à la maison que l'émission est véritablement devenue une tribune téléphonique.

Comme le veut souvent la formule des tribunes, Simon Bédard débute son émission avec un «éditorial»-choc touchant un ou plusieurs sujets d'actualité. Lus sur fond musical, les commentaires se veulent percutants et accrocheurs. Gilles Proulx a déjà parlé de l'importance du texte d'ouverture dans un de ses ouvrages sur la radio: «Le texte [que l'animateur] livrera à ses auditeurs pour débattre la matière qu'il aura choisie devra être lu avec un certain ton, question d'amener des clients à composer son numéro de téléphone et à remplir ses nombreuses lignes disponibles» (Proulx, 1986, p. 170). Voici un exemple des «éditoriaux» de Bédard:

> Les négociateurs Mohawks ne se sont pas présentés pour les négociations ce matin à la Trappe d'Oka. Correction: je devrais dire «les bandits ne se sont pas présentés ce matin à la Trappe d'Oka». Les clowns du gouvernement du Québec ont plutôt mangé du fromage Oka, du fromage tout aussi puant que ces bandits qui tiennent en otage le Québec depuis maintenant 41 jours. Soyons conciliants, ils se foutent de notre gueule! Bientôt on leur offrira la médaille de l'Assemblée nationale pour services rendus (20 août).

Après cette ouverture et quelques propos complémentaires, l'animateur passe immédiatement aux appels et n'interrompt la tribune que pour la publicité (environ 14 minutes à l'heure) et deux courts blocs d'information totalisant environ 10 minutes. À l'occasion, Bédard mène une entrevue ou cède l'antenne à un bulletin spécial d'information.

Le commentaire cité plus haut donne un fidèle aperçu du style incisif de Simon Bédard. Pendant ces trois semaines d'août, à la veille de l'intervention des Forces armées, l'animateur aiguise constamment l'impatience des auditeurs à l'égard des événements. Les moyens qu'il préconise pour le règlement du conflit font appel à une violence verbale d'une intensité inégalée par aucun autre animateur. À preuve, cette déclaration du 14 août où Bédard s'en prend aux Warriors:

46

Tu rentres là avec l'armée, tu nettoies tout ça. Cinquante morts, cent morts, cent vingt-cinq morts, ça vient de s'éteindre. On enterre tout ça, pis on continue à vivre!

Cette sortie ne fait pas figure d'exception. Quelques extraits en témoignent: «Tu nettoies le nid à merde, tu ramasses tout ce qui est là, tu tires pis après ça on passera une 'hose' de pompier pour laver ce qui reste. Correct, c'est rouge mais c'est pas grave...» (21 août); «quand il y en aura assez six pieds sous terre, ils auront compris...» (20 août).

Un peu à la manière de Gilles Proulx, une autre vedette du réseau Radiomutuel, l'animateur de *Réaction* agit comme «motivateur», quand ce n'est pas comme agitateur. Le 20 août, il parle de son rôle à une auditrice qui se disait dégoûtée de ses propos et le taxait d'agitateur: «Tant mieux madame, si ça peut réveiller les gens, tant mieux parce qu'on dort au gaz...». Dans la suite de la conversation, il se présente comme le champion du droit de parole et de la démocratie, un rôle que s'attribuent aisément plusieurs animateurs de tribune.

Bédard pratique donc un style très agressif qui, croit-il, influence la prise de décision dans les hautes sphères du gouvernement. Le 15 août, il explique:

Il faut que les gens réagissent pis il faut que les gens fassent savoir justement qu'ils en ont ras le bol [...]. Hier, ça a tellement brassé au Québec par rapport aux différentes émissions de radio où ça a été assez agressif, là on a dit bon, on va faire déplacer l'armée. Il ne faut pas arrêter. On passe pour des innocents, des totos sur la place publique.

«Il ne faut pas arrêter...» Voilà précisément ce qui résume l'attitude de l'animateur avec les participants. Ceux-ci font fréquemment part de leur mécontentement, voire de leur exaspération, sans trop se faire contrarier ou rabrouer. Alors qu'André Arthur convie ses interlocuteurs à des joutes oratoires, Simon Bédard les incite à «réagir» aux événements, à exprimer leur impatience. Il s'amuse entre autres des solutions suggérées pour régler la crise... et en rajoute parfois. Pendant l'émission du 23 août, un auditeur évoque la supposition qu'un feu de forêt éclate là où se tiennent les Warriors et qu'on envoie alors des avions arroser le territoire. L'animateur renchérit: «plutôt que de mettre de l'eau, tu mets du scotch ou du whisky».

Des cinq tribunes, *Réaction* est celle qui a le plus diffusé de propos d'auditeurs manifestant de l'intolérance. On peut relier cela au fait que l'animateur joue très peu au modérateur. En effet, puisqu'il les accueille souvent de façon favorable, les opinions d'intolérance occupent davantage de place dans l'émission. Par ailleurs, l'abondance de propos agressifs semble liée à l'une des dimensions de la réalisation: l'absence de filtrage des appels. Cette hypothèse est plausible dans la mesure où les participants accèdent aux ondes directement et expriment spontanément leur position sans l'avoir d'abord résumée à un intermédiaire. Une étape de transition peut produire un effet modérateur sur le participant ou, plus radicalement, elle peut lui interdire l'accès aux ondes. Le même phénomène se retrouve d'ailleurs, de façon moins prononcée, à *Champagne pour tout le monde* où n'existe pas, là non plus, de procédé de sélection des appels.

Bédard adopte peu le rôle d'avocat du diable, mais quand les propos d'un participant ne concordent pas avec sa ligne de pensée, il coupe la parole et impose son point de vue. Son message central ressemble sensiblement à celui de son collègue de Radiomutuel, Gilles Proulx: les Québécois francophones ont essuyé dans le passé beaucoup de revers, ils doivent maintenant cesser d'avoir peur, se tenir debout et répondre à l'affront des Indiens. La vedette de CJRP énonce par ailleurs l'hypothèse d'un complot contre le Québec, «une machination nationale, qui a peut-être utilisé la voix des Indiens pour torpiller le Québec dans sa réorganisation» (20 août). Et à la tête de ce complot, des auditeurs identifient Pierre Elliott Trudeau et Jean Chrétien qui, non contents d'avoir saboté l'accord du lac Meech, auraient fomenté la crise. L'animateur ne se prononce pas nettement sur cette analyse, dans son émission du 16 août, mais il lui accorde tout de même un certain crédit puisqu'il demande au public ce qu'il en pense.

L'idée d'un traitement de faveur pour les Indiens, dans la gestion gouvernementale de la crise, fait partie du discours de Bédard. Il lui semble évident que le gouvernement serait intervenu dès le début de la crise si une cellule du FLQ, un syndicat ou un groupe quelconque de Québécois francophones avait commis les mêmes gestes (il en parle entre autres le 16 août). Et quand des auditeurs rappellent que les Indiens ont, depuis le début de la colonisation, subit bien des pertes, Bédard revient sur le cas des Québécois qui ont eux aussi leur somme de défaites.

Louis Champagne et... *Champagne pour tout le monde*

À l'été 1990, Louis Champagne anime *Champagne pour tout le monde* sur les ondes de CJMT à Chicoutimi. Diffusée tous les matins entre

6 h et 10 h, l'émission comprend des blocs d'information, des entrevues, des commentaires sur l'actualité et des échanges avec les auditeurs.

Champagne choisit chaque matin quelques manchettes de quotidiens qu'il commente à chaud et assez longuement (ses interventions s'étendent jusqu'à cinq minutes). Plusieurs fois au cours des quatre heures d'antenne, il brode autour des mêmes thèmes. Ainsi le 21 août, il s'étonne vivement de voir un militaire serrer la main d'un Warrior, un «ennemi», alors que les hostilités ne sont pas terminées:

> [...] les Forces armées canadiennes qui sont en train de jaser avec l'ennemi. Moi j'avais toujours appris qu'on commence pas à fêter tant que la hache de guerre n'est pas complètement enterrée, tant qu'on n'a pas paraphé une entente.

À cinq reprises au moins, il expose son opinion sur ce que révèle cette photo à la une des journaux.

Bertrand Tremblay, ancien éditorialiste au *Quotidien*, disait de l'animateur qu'«il n'a jamais caché le fait qu'il lit beaucoup les journaux et que ceux-ci lui servent de toile de fond pour ses commentaires; à un point tel que les jours où il n'y a pas de publication de journaux, Louis Champagne a quelque peine à discuter de l'actualité»(cité par Saint-Laurent, 1989, p. 24). Champagne admet justement cette dépendance le 23 août: «Voilà pour les premières pages des journaux. J'ai bien l'impression qu'on va passer au téléphone assez rapidement, hein? On n'a pas de gros titres pour l'instant...» Cette parole peut laisser croire que l'animateur n'est assisté d'aucune aide. La directrice de la programmation nous a dit, cependant, que des journalistes sont affectés à l'émission de Champagne et que toute la salle de nouvelles peut être amenée à y participer (sans doute à l'intérieur des blocs d'information).

Nul doute, du moins, sur le fait que *Champagne pour tout le monde* mise beaucoup sur la spontanéité de son chef d'orchestre. En quelque sorte, Champagne laisse l'information aux lecteurs de nouvelles et aux reporters (il mène par contre ses entrevues) et se consacre pour ainsi dire à la présentation de réactions aux événements. Plus que tout autre animateur des tribunes que nous avons écoutées, bien que suivi de près en cela par Gilles Proulx, Champagne met l'accent sur la prestation qu'il offre au micro. Il n'hésite pas à changer sa voix, imiter des gens, raconter des blagues et éclater de rire pour ponctuer son propos. Sur un ton qui se veut enjoué, il s'amuse des événements. Par exemple, le 30 août il parie que malgré l'annonce du démantèlement des barricades, aucun «visage pâle» n'aura encore franchi le pont Mercier le 30 septembre. Il incite les auditeurs à lui téléphoner pour émettre leurs propres prévisions quant à la date d'ouverture du pont. Ses interventions ne visent pas toutes à amuser le public cependant, comme le prouve un extrait de l'édition du 17 août, où l'animateur s'offusque de la très courte séance de négociation qui s'est déroulée la veille, alors que les Mohawks se sont retirés de la table:

> Tout ce qu'on leur a demandé, on leur a donné, ça va négocier deux heures de temps, pis après ça y dit bon ben nous autres on est tanné, on s'en va. Ben c'est épouvantable! Qu'est-ce qu'ils attendent ces caves-là pour «pitcher» l'armée dans cette affaire-là pis les défoncer comme ils méritent d'être défoncés. C'est pas vrai que ces gens-là sont honnêtes, c'est des charognards, ceux qui sont à la tête... [Champagne parle alors des Warriors].

Les échanges entre l'animateur et les participants de la tribune sont généralement très courts (pas plus de trois minutes et demie et parfois moins d'une minute). Champagne recueille une réaction ou une opinion, se fait parfois brièvement l'avocat du diable et remercie rapidement l'auditeur. Il ne se lance pas dans de longues argumentations à la manière d'André Arthur, par exemple, qui cherche à convaincre ses interlocuteurs. Les enregistrements que nous détenons des émissions du mois d'août ne nous permettent pas, par ailleurs, de corroborer les dires de Pierre Bourdon journaliste au *Progrès-Dimanche*, quant à la propension de la vedette à insulter les auditeurs:

> Après avoir fait valoir ses idées sur un sujet, Champagne invite les gens à se prononcer et c'est là que parfois ça se gâte.

> Lorsque les auditeurs ne sont pas d'accord avec ses idées, ou encore osent l'affronter, Champagne les traite de «frustrés sexuels», de «b.s.», de «jaunes», de «niaiseux», et nous en passons (cité par Saint-Laurent, 1989, p. 24).

Sarah Tremblay n'hésitait pas à dire également que Louis Champagne «est très direct» et qu'il a «un langage très coloré». Mais dans nos extraits d'émissions Champagne préfère semble-t-il le couperet à l'insulte.

Avant qu'il ne coupe la ligne, certaines personnes ont néanmoins le temps d'exprimer des propos très violents. Comme dans le cas de *Réaction* (CJRP), nous faisons un lien entre cet état de fait et l'absence de filtrage des appels. Une auditrice se demande, le 14 août, pourquoi les gens de Châteauguay n'ont pas battu les «chiens sales» (policiers) avec des madriers lors de la charge sur le pont Saint-Louis-de-Gonzague. La veille, une femme, peut-être la même, pestait contre Bourassa qui aurait mérité, disait-elle, un «coup de bâton»... Parmi les interventions des participants figure aussi la contrepartie au côté gouailleur de Champagne: plusieurs auditeurs ne téléphonent que pour raconter une blague sur les événements.

Le discours de l'animateur présente bien des points communs avec celui de ses homologues de CJMS et CJRP. À l'instar de Gilles Proulx et Simon Bédard, Louis Champagne trouve les Québécois trop tolérants face aux événements qui se déroulent à Kahnawake et à Kanehsatake. Il baptise d'ailleurs ses compatriotes de «Gentils-Québécois-à-tendance-tetonne», utilisant régulièrement ce surnom de même que le sigle «GQTT». Mentionnons cependant que bien qu'il déplore la tolérance des Québécois francophones, il désapprouvera tout à fait l'épisode de la lapidation, par des manifestants Blancs en colère, des Mohawks quittant Kahnawake en voiture le 28 août.

Les Québécois se montrent donc trop patients à l'égard des Mohawks qui, de leur côté, font d'extravagantes revendications. Deux extraits illustrent bien ce discours que l'animateur présente souvent sous forme de caricature:

Je disais que les Warriors [...] voulaient embarquer dans l'autobus pis avoir les deux meilleurs sièges en avant pis pas payer hein? Mais c'est pas vrai: ils veulent l'autobus au grand complet, qu'on paye pour, pis qu'on n'ait pas le droit d'embarquer dedans (21 août).

Ça va coûter 250 millions aux Québécois. Quand vous regarderez votre paye demain, vous direz que vous avez travaillé pendant disons 40 heures à 10 $ de l'heure, ça fait 400 $. Vous regarderez, il va vous rester à peu près 290 $, 312 $ au «max». Le 80 $, il y en a une grosse partie qui s'en vont justement pour la base de la discussion: changer les couleurs de carte de bingo... (22 août).

Contrairement à André Arthur qui s'en prend surtout à la mauvaise gestion gouvernementale de la crise, Champagne dirige souvent ses critiques contre les Mohawks. Outre ses diatribes contre les revendications, il s'attaque à la mauvaise foi des négociateurs mohawks et à leur façon de négocier, au fait qu'ils ne parlent pas français, etc. Sur toute une gamme d'intonations, il formule régulièrement des commentaires qui trahissent parfois de manière évidente le caractère spontané de l'animation.

Pour être un peuple fondateur, il faut avoir bâti un pays, il faut avoir défriché, rasé des forêts, détourné des rivières, dérangé un peu les ouaouarons, pollué les cours d'eau non? Qu'est-ce que vous avez fait? Vous avez toujours vécu en accord avec la nature, les doigts en éventail... À part quelques héros, les

Warriors cachés derrière leur masque qui ont pris modèle sur nos Blancs en organisant des bingos [...] Ha! Ha! Ha! un peuple fondateur! (29 août).

Michel Lacombe et le *Midi dix*

Le *Midi dix* figure à la programmation du réseau MA de Radio-Canada depuis septembre 1989 (depuis 1992 l'émission se nomme le *Midi quinze*) en remplacement de l'émission *Présent national* et de la tribune téléphonique de 18 h, *Présent à l'écoute*.

Michel Lacombe ouvre le *Midi dix* par trois ou quatre questions lues sur le thème musical en sourdine. Il s'agit généralement de simples interrogations, si ce n'est parfois qu'une intonation particulière laisse passer la critique ou l'ironie. Par exemple, le 27 août, Lacombe annonce dans le sommaire: «Les Mohawks veulent ouvrir *un peu* le pont Mercier», en appuyant sur «un peu». Une seule des interrogations de la semaine du 27 au 31 août s'éloigne franchement de la ligne de conduite de neutralité: «Qui sont les sauvages qui ont lâchement attaqué à coup de pierres les automobiles transportant des femmes et des enfants sur le pont Mercier hier après-midi» (29 août).

Cette seule observation sur l'ouverture de l'émission suffirait presque à montrer l'écart entre le style de Lacombe et ceux que nous avons examinés jusqu'ici. Lacombe emploie un ton journalistique et traite ses dossiers suivant les règles propres au journalisme nord-américain: équilibre des points de vue, identification des sources, crédibilité des sources, impartialité. Toutefois le ton de l'animation demeure très assuré et le style, direct. L'animateur affirmait d'ailleurs, à *Caméra 91* (Télévision Quatre Saisons, 8 septembre 1991), que Radio-Canada avait accepté de «personnaliser» davantage *Midi dix* que ses autres émissions d'affaires publiques. L'expression pouvant laisser place à l'ambiguïté, Michel Lacombe nous a par la suite expliqué que la marge de manoeuvre dont il bénéficie se mesure à la place prépondérante qu'il prend dans l'émission, à la spontanéité qu'implique l'absence de textes, et au ton direct qu'il emploie avec les gens.

Après un bloc d'information d'environ 25 minutes, l'animateur invite les auditeurs à exprimer leur opinion sur une situation dont on vient d'exposer certaines facettes. La formule diffère sensiblement de celle de *Réaction* (CJRP), notamment, où l'animateur développe son point de vue et demande ensuite à l'auditoire de le commenter. Un invité, spécialiste de la question du jour ou concerné par les événements discutés, prend souvent part à la tribune. Le réalisateur, Denis Simard, affirmait que l'objectif est de pouvoir présenter quatre fois sur cinq une personne pouvant répondre aux questions des participants ou commenter leurs interventions. Le nombre d'appels est par le fait même plus limité (une moyenne de cinq appels par émission selon le réalisateur).

Michel Lacombe ne mise pas sur la confrontation avec les auditeurs à la manière d'André Arthur. Par contre, il se fait systématiquement l'avocat du diable. Cette attitude, commandée par les normes d'impartialité et d'équilibre des points de vue, fait partie des règles proposées par le CRTC dans son projet de lignes directrices: «les animateurs ont le droit et la responsabilité de mettre en doute les vues des appelants et des invités». Proulx, Arthur, Bédard et Champagne réagissent aussi, plus ou moins fréquemment, en avocat du diable avec les participants, mais dans le cas de Lacombe c'est systématique. Voici deux situations qui illustrent ce fait. Le 27 août, un auditeur exprime sa réprobation au sujet des manifestations à Châteauguay: «Le gouvernement du Québec devrait procéder immédiatement à l'arrestation de toute personne faisant des menaces avec des 'bats' de baseball». Lacombe qui, deux jours plus tard, condamnera les «sauvages» ayant lapidé les Mohawks quittant Kahnawake en automobiles, répond: «Mais de l'autre côté, il y a des gens avec des armes automatiques...». Le 27 août également, un homme met en garde le Québec de refuser de reconnaître la nation Mohawk et de répéter ainsi l'erreur du Canada vis-à-vis du Québec. Lacombe oppose ceci:

> Oui mais est-ce que ce n'est pas un peu comme si René Lévesque, à l'époque, avait accepté le FLQ comme étant l'armée du Québec et dit aux autorités canadiennes: nous on endosse les gestes du FLQ [...]?

L'animateur exerce en somme une surveillance vigilante sur les propos qu'on lui communique. Cette vigilance l'amène aussi à questionner les gens sur leurs sources d'information. Ainsi, quand le 29 août un auditeur affirme que certains négociateurs du côté mohawk, comme «monsieur Cohen», sont des gens «qui négocient pour la pègre américaine», Lacombe l'interrompt rapidement: «Oui, enfin, je ne sais pas où vous prenez vos références sur monsieur Cohen là». L'animateur coupe court également aux appels qui n'ajoutent aucun élément nouveau à la discussion.

Les auditeurs qui entendent décharger leur trop-plein d'agressivité face à la crise ne sont pas les bienvenus au *Midi dix*[23]. C'est ce qu'affirmait

Denis Simard et ce que laisse croire également l'écoute des émissions. En effet, beaucoup de participants exhortent plutôt la population et les autorités à la non-violence et prêchent pour une solution négociée. Ils sont d'ailleurs expressément invités par l'animateur, le 29 août, à «réfléchir sur la possibilité d'une issue pacifique et démocratique». Bien qu'il démontre par là son parti pris pacifiste, l'animateur pousse quand même ses interlocuteurs à développer leur point de vue et il écourte les appels qui n'avancent pas au-delà des voeux pieux. Lacombe, en accord avec la politique de Radio-Canada, est intéressé par l'analyse des événements et non par les simples prises de position. Le premier niveau d'analyse auquel nous avons soumis les émissions ne nous permet pas d'ailleurs de donner beaucoup d'indications sur le discours personnel de Lacombe concernant la crise, sauf qu'il réprouve manifestement la violence. Par son style direct et son ton très assuré, Lacombe donne une couleur peut-être plus franche à son émission que ne le font généralement les animateurs-journalistes de la société d'État. Il reste que *Midi dix*, autant par son contexte de production que par le style d'animation de son protagoniste, se démarque grandement des autres émissions avec tribune.

* * *

Les animateurs, ou ne devrait-on pas plutôt dire les commentateurs, du secteur privé adoptent tous un ton percutant qui, selon la personnalité de chacun et la nature des propos, passe de l'agressivité à la moquerie et du sarcasme au mot d'ordre. Bien que chaque émission porte la marque personnelle de son protagoniste, des parentés sont apparues au fil de l'analyse.

Nous avons d'abord noté celle des deux animateurs du réseau Radiomutuel, Gilles Proulx et Simon Bédard (toutefois congédié depuis) qui s'établit sur le plan de l'attitude adoptée avec les participants de la tribune. Tous deux encouragent les gens à manifester leur impatience face à la lenteur des événements et à exprimer leurs revendications. Ils veulent sans doute inciter des «clients» (comme dit Gilles Proulx) à téléphoner, mais leur discours laisse aussi entendre de façon explicite leur volonté d'influencer l'opinion publique et par là, les décisions gouvernementales. C'est pourquoi on entend, à l'occasion, Gilles Proulx féliciter des gens pour leurs prises de position et Simon Bédard encourager la population «à ne pas arrêter». Selon ce dernier, les tribunes permettent aux politiciens de mesurer «la montée d'adrénaline dans la population» (14 août).

Ils partagent une deuxième affinité avec Louis Champagne. Tous trois offrent une vision manichéenne de la crise amérindienne. En cette période du mois d'août où les négociations piétinent (selon ce que les médias en disent) et où l'on réclame de plus en plus fort l'intervention de l'armée, les Warriors sont dépeints comme des bandits et les Mohawks comme des enfants gâtés qui veulent tous les privilèges. Ces derniers portent le costume des méchants qui humilient la population québécoise franco-phone. «Depuis le début, ils se moquent des Québécois ces gens-là. C'est pourquoi moi j'ai honte. J'me dis nous autres on se met à genoux devant eux, on leur donne le grand traitement pis eux ils se foutent de notre gueule» déclare Simon Bédard le 16 août. Champagne et Proulx expriment dans leurs propres mots la même idée, mais l'animateur de CJMS ajoute au tableau les «traîtres à la nation», ces Québécois francophones qui prennent le parti des Mohawks. Ce sont, pour compléter l'image, des méchants parmi les bons ou encore des hérétiques.

André Arthur se tient généralement à l'écart de ce discours. L'anima-teur de CHRC exprime ses vues de façon très catégorique, mais s'en prend principalement à la SQ et aux gouvernements (surtout celui du Québec) auxquels il reproche leur inaction. Ne cachant pas son admiration pour l'armée, il oppose l'efficacité de celle-ci à l'inaction des politiciens qui, selon lui, n'ont qu'un seul but: se faire réélire. Les flèches de l'animateur n'épargnent pas non plus les Indiens, mais ils n'en sont pas la principale cible.

Par son attitude avec les participants, Arthur se démarque aussi des autres vedettes du secteur privé. On ne retrouve pas chez lui le côté militantiste ou «motivateur» que Proulx et Bédard démontrent avec les participants. Le seul à sélectionner lui-même les appels, Arthur exige des participants de la clarté et même de l'originalité, sans quoi surgissent ses armes que sont le sarcasme, la moquerie et le mépris.

Le *Midi dix* se situe sur plusieurs plans à l'opposé des autres émissions. L'animation de Michel Lacombe témoigne bien du cadre fixé par la politique journalistique et la tradition de Radio-Canada. La seule parenté que nous puissions établir, et elle est mince, entre lui et un autre animateur, en l'occurrence André Arthur, se fonde sur l'attitude exigeante avec les participants qu'ils manifestent tous deux. Mais celle-ci se limite chez Lacombe à jouer systématiquement l'avocat du diable et à écourter des appels considérés comme insatisfaisants.

CONCLUSION

En introduisant longuement le portrait des cinq émissions avec tribune téléphonique par une revue des dimensions des contextes de production, nous avons voulu mettre bien en évidence ces données pour tenter d'en évaluer les incidences. Les vedettes radiophoniques du secteur privé, dont il a été question dans cette recherche, bénéficient toutes d'une grande marge de manoeuvre. Elles expriment et défendent des opinions personnelles, et mènent les débats à leur façon. Leur liberté d'expression est reconnue dans les politiques des stations et leur liberté de langage, acceptée ou tolérée. La «tolérance» des administrateurs à l'égard du franc-parler des animateurs était perceptible dans l'entrevue qu'a accordée Sarah Tremblay de CJMT. La directrice de la programmation expliquait que le langage coloré de Louis Champagne a sa contrepartie: celui des auditeurs qui, dit-elle, doivent eux aussi pouvoir s'exprimer. Elle ajoutait ne pas encourager une surenchère, mais soulignait les limites de son pouvoir: «on essaie que ça ne soit pas comme ça, *sauf qu'on n'a pas le contrôle du micro*». Rappelons dans le même sens la réaction de Gilles Proulx lorsqu'un auditeur a remercié les patrons de CJMS de laisser l'animateur s'exprimer à sa guise: «ah, ça les agace!».

Le succès des émissions, auquel le franc-parler des animateurs n'est pas étranger, explique sans doute en grande partie la tolérance sinon la complaisance des dirigeants. Trois des quatre émissions du secteur privé décrochent la meilleure cote d'écoute sur l'ensemble de la programmation de leur station productrice: le *Journal du midi* (CJMS), la tribune d'André Arthur (CHRC) et *Champagne pour tout le monde* (CJMT). Ceci surprend un peu dans le cas du *Journal du midi*, car les auditoires les plus nombreux se retrouvent toujours le matin[24]. Le sort des stations est donc lié à ces émissions «locomotives». Le cas d'Arthur ayant quitté puis réintégré en force CHRC, affaibli par son départ, de même que celui de Champagne qui a entraîné son auditoire de CKRS à CJMT, causant l'infortune de la première et la fortune de la seconde, en témoignent de façon éloquente. En novembre 1991, lorsque planait la rumeur du départ de Champagne de CJMT (ce qui s'est finalement produit), un administrateur de Télémédia confirmait tout le poids de l'animateur dans l'industrie de la radio MA du Saguenay–Lac-Saint-Jean:

Dans la région quand on parle de Louis Champagne, c'est l'animateur le plus important et il faut comprendre que c'est le matin qui détermine le succès d'une station AM (Lemelin, *Le Quotidien*, 7 novembre 1991).

Michel Lacombe ne peut faire la pluie et le beau temps à la radio d'État. Radio-Canada ne vise pas systématiquement à séduire les plus grands auditoires puisque son financement n'est pas tributaire de la publicité. La Société a par contre un mandat à accomplir, et ses employés, une politique journalistique à respecter. Dans un contexte de production aussi particulier, rien de surprenant à ce que le style d'animation de Lacombe diffère tant des autres. Dirigé par un réalisateur (c'est la seule émission dont l'équipe de production comprend un réalisateur) muni d'une feuille de route prévoyant toutes les étapes de l'émission, le *Midi dix* n'est pas autant centré sur la spontanéité de l'animateur. Tout est cependant une question de degré puisque Lacombe travaille aussi sans texte, qu'il intervient constamment et que son style direct est l'une des caractéristiques du *Midi dix.*

Laissant énormément de place à la personnalité des animateurs, les quatre émissions du secteur privé s'étendent par ailleurs sur une plus longue période de temps, soit un minimum de deux heures (quatre heures dans le cas de *Champagne pour tout le monde*). On peut aisément imaginer quelques-unes des difficultés, des exigences et des contraintes inhérentes au travail en direct à la radio. En entrevue, Myriam Ségal (CHRC) a traité des risques qu'entraîne le direct tout en soulignant qu'il constitue la spécificité même du média:

> Notre façon de travailler à la radio, ce que les autres médias n'ont pas et ce qui fait que la radio vit encore malgré l'émergence de la télévision, c'est le direct [...] avec ce que ça implique d'erreurs, parce que sur le vif, on fait parfois des erreurs, avec ce que ça implique de ce que vous pouvez appeler du sensationnalisme à la rigueur, d'événements-chocs qui arrivent et qu'on décrit «comme on les ressent».

Le métier est exigeant, mais, pour le CRTC, les difficultés qu'il comporte ne peuvent servir d'excuse aux animateurs ayant transgressé les normes acceptables. De par la nature controversée des sujets débattus dans les tribunes, les discussions sont souvent animées, sinon passionnées. Cependant, la station doit veiller à ce que le débat reste raisonnablement sous contrôle et à ce que l'animateur sache y départager les propos offensants. Dans la décision qu'il rendait en 1987 concernant une plainte de groupes autochtones contre la station CJRN de Niagara Falls, l'organisme rejetait pour cette raison l'explication selon laquelle l'expression de propos racistes lors de la tribune téléphonique en cause «constituait un envenimement de la discussion, indépendant de la volonté de la titulaire» (CRTC, 1er septembre 1987, p. 7). Les stations MA misent beaucoup sur la formule des tribunes, elles doivent par contre assumer les risques qu'elle comporte.

Qu'en est-il de l'incidence sur les émissions des quelques dimensions que nous avons explorées? Nous avons présumé de l'influence plus ou moins tangible de la politique relativement flexible du CRTC. Le mode de propriété des entreprises, qui conditionne les objectifs ultimes de celles-ci, semble par contre un facteur déterminant. Les radiodiffuseurs du secteur privé tablent sur les formules et les animateurs les plus populaires, surtout dans la conjoncture difficile du MA, alors que la Société Radio-Canada, qui escompte tout de même s'attirer un bon public, doit obligatoirement respecter un certain cadre éthique et journalistique. Les politiques internes des stations, qui fixent entre autres la marge de manoeuvre laissée aux animateurs confirment les orientations différentes des secteurs public et privé. D'une façon plus précise, notre analyse suggère qu'une donnée comme la taille de l'équipe de production n'est peut-être pas si déterminante sur le type d'émission. Le *Midi dix* et le *Journal du midi* présentent quotidiennement plusieurs entrevues, ce qui nécessite le travail d'une équipe plus nombreuse. La facture des émissions est toutefois bien différente. Par contre, nous avons établi un lien entre deux émissions où l'on ne filtre pas les appels. Bien que nous n'ayons pas procédé à une analyse quantitative de contenu des enregistrements, la récurrence de propos particulièrement violents est apparue plus forte à *Réaction* et à *Champagne pour tout le monde* où l'on ne sélectionne pas les participants.

Reste enfin tout le poids des styles d'animation, sur lesquels nous nous sommes attardés. Soumis aux contraintes du métier et du contexte propre à chaque station, l'animateur imprime tout de même profondément sa marque personnelle. L'analyse des émissions diffusées pendant la crise amérindienne a fait voir notamment le lien entre, d'une part, le discours de l'animateur et sa tolérance à l'égard des interventions agressives des participants, et, d'autre part, la présence plus ou moins forte de commentaires de cette nature.

Il serait intéressant de dépasser ce stade exploratoire pour vérifier les relations que suggèrent notre recherche entre les émissions et certaines dimensions du contexte dans lequel elles sont produites. Il faudrait voir également si pendant une période d'actualité «ordinaire» les styles d'animation demeurent les mêmes. Il est probable que oui si la présence de certains ingrédients s'avère indispensable pour assurer le succès des diverses formules. Mais sur quoi repose justement le succès de ce type d'émissions? Une enquête auprès d'amateurs de tribunes serait à cet égard très instructive. Dans le sillage de ce questionnement, quelle conception se font les radiodiffuseurs des goûts des amateurs de tribunes et en quoi cette conception conditionne-t-elle leurs programmations? Voilà d'autres questions auxquelles il faudrait tenter de répondre pour mieux cerner l'un des phénomènes marquants de l'histoire de la radio des quarante dernières années au Québec.

NOTES

1. Je tiens à remercier chaleureusement Florian Sauvageau pour les suggestions et commentaires pertinents dont j'ai bénéficié tout au cours du travail. Je remercie également les personnes suivantes qui ont toujours répondu à mes demandes d'information avec autant d'efficacité que de gentillesse: Michel Gagné, de la Direction générale des médias (ministère de la Culture et des Communications) et Claire Tardif, du bureau du CRTC à Montréal.

2. La formule était à l'origine peu dispendieuse à produire, comparativement aux radioromans, par exemple, qui exigeaient de plus gros effectifs. Avec la tribune, il ne fallait qu'un animateur, une ligne téléphonique et le tour était joué. C'était avant que les salaires des animateurs n'atteignent des sommes mirobolantes...

3. Peu de choses ont été écrites sur l'histoire des tribunes téléphoniques au Québec. On trouve cependant quelques données dans les références suivantes: Elzéar Lavoie, 1986; Gilles Proulx, 1986.

4. Madeleine Audet, «L'irréversible mutation de la radio MA», Le Devoir, 9 juillet 1991. Cette crise s'est traduite depuis 1990-1991 par une série de coupures et de pertes d'emplois: Télémédia fermait à Québec la station CKCV en septembre 1990 (20 mises à pied), CKVL de Montréal supprimait sa salle de nouvelles quelques mois plus tard (27 mises à pied) et en juin 1991, CJRS de Sherbrooke devenait un simple réémetteur du réseau Radiomutuel (15 mises à pied). Les fermetures de CKSM (Shawinigan) et de CKBS (Saint-Hyacinthe) figurent également aux dossiers du CRTC de même que la réduction à 30 minutes de programmation hebdomadaire locale à la station CKTS (Sherbrooke), propriété de Télémédia. À ce tableau, il faut maintenant ajouter la fermeture pure et simple de six stations MA résultant de la création de Radiomédia par Télémédia et Radiomutuel: CJMS (Montréal), CJRP (Québec), CJTR (Trois-Rivières), CJRS (Sherbrooke) qui n'était déjà plus qu'un réémetteur de CJMS, CKCH (Hull) et CJMT (Chicoutimi).

5. Citée par Madeleine Audet, «L'irréversible mutation de la radio MA», Le Devoir, 9 juillet 1991. En avril 1993, le CRTC annonçait toutefois l'abolition de certains règlements de la radio MF, dont la limite de temps publicitaire et le minimum de temps consacré aux interventions parlées.

6. Pour une vue complète de cette question, voir le texte que Pierre Trudel signe dans le présent livre. Afin de permettre la compréhension de la section

sur les politiques internes des stations, les positions prises par le CRTC sont résumées ici.

7. Selon les chiffres fournis par l'Association au mois de mai 1992.

8. Cet avis public mentionne que le CRTC a reçu 134 plaintes écrites au sujet des tribunes téléphoniques entre 1986 et 1988. Ces plaintes concernaient 35 radiodiffuseurs, 8 télédiffuseurs et 4 télédistributeurs. D'autres statistiques plus récentes fournies par l'organisme indiquent que 84 plaintes furent reçues en 1990-1991.

9. Jean-Philippe Mikus analyse l'intervention du CRTC auprès de CHRC et notamment tout le processus d'approbation des lignes directrices soumises par la station. Il montre que les diverses versions se sont peu à peu rapprochées du *Projet* du CRTC. «Toutefois, sur des points critiques, notamment le travail de l'animateur, CHRC s'en est tiré à bon compte, bénéficiant de lignes directrices moins sévères que le projet d'énoncé politique» («'Y-a-t-il un martyr derrière le micro?': la décision CHRC-Québec et le contrôle des tribunes téléphoniques», *La revue juridique Thémis*, vol. 25, n⁰ 1, 1991, p. 189).

10. Les revenus de la Société Radio-Canada pour 1990-1991 ont totalisé 1 347,9 millions de dollars et se répartissaient comme suit: 73,1 % (985,2 millions) en crédits parlementaires d'exploitation, 22,5 % (303,9 millions) en revenus publicitaires nets et 4,4 % (58,8 millions) en revenus divers (source: Société Radio-Canada, *Rapport annuel 1990-1991*, p. 32). Précisons que la radio ne génère aucune recette publicitaire depuis 1974, année où l'on a supprimé la publicité radiophonique à Radio-Canada. Tous les revenus publicitaires proviennent donc de la télévision.

11. Société Radio-Canada, *Politique journalistique*, 1988, p. iii. (En 1993, la SRC présentait une mise à jour de sa *Politique journalistique*. La section sur les tribunes téléphoniques demeure inchangée, à quelques mots près).

12. Pour une analyse critique du projet de jumelage, lire Claude Girard, «CKRS-CJMT: les vrais dessous d'une opération inacceptable», *Le Réveil*, 28 janvier 1992. Girard prétendait que le seul intérêt de Radiomutuel n'était pas la survie de CKRS, mais l'acquisition de CJAB, la station MF liée à CKRS et qui présentait une bonne performance financière. Sur le succès de Champagne de retour à CKRS, voir J.-C. St-Pierre, «Radiomutuel, grand gagnant au Saguenay», *Journal de Québec*, 4 décembre 1992, p. 21.

13. Le magazine *Actualité*, alors propriété de Clément et Gérard Veilleux, fusionne avec l'édition française de *Maclean's* en septembre 1976 pour donner naissance à *L'Actualité* (source: André Beaulieu, Jean Hamelin *et al.*, *La presse québécoise des origines à nos jours. Tome IX: 1955-1963*, Québec, Presses de l'Université Laval, 1989, p. 163-163).

14. En 1978, Simon Bédard avait fondé Télé-Médic, un service de soins médicaux à domicile qui a fait faillite trois ans plus tard. Au terme de cet épisode, Simon Bédard fut accusé de fraude, mais finalement acquitté en mai 1983.

15. Dans le vocabulaire de la programmation radiophonique et télévisuelle, la «locomotive» désigne «l'émission vedette programmée en début de *prime time* [période de grande écoute] en espérant que les [auditeurs] resteront à l'écoute de la station par la suite» (source: Roger de la Garde et Denise Paré, «La télévision: l'offre d'une programmation ou la programmation d'une demande», *Communication*, vol. 12, nᵒ 1, p. 101-145.

16. Claude Côté, «CJMT paie 200 000 $ à Louis Champagne» *Le Quotidien*, 25 juillet 1990. L'offre qu'a fait Radiomutuel à Champagne, en décembre 1991, pour son retour à CKRS «comprend à la fois un revenu annuel composé de six chiffres, des actions dans la station de Jonquière et un boni à la signature de plus de 100 000 $ (Serge Lemelin, «Champagne passe à CKRS-Radio», *Le Quotidien*, 3 décembre 1991).

17. Les habitués font partie du monde des tribunes. Certains attirent la sympathie des équipes de production alors que d'autres ont atteint un seuil de surexposition, tel ce monsieur Brosseau que Denis Simard et Gilles Proulx disent reconnaître très souvent à leur tribune respective ainsi qu'aux autres stations qu'ils ont l'occasion d'écouter.

18. Selon les termes de Myriam Ségal, qui ajoute: «généralement, les appels qu'il a, ils passent en ondes».

19. Le 27 juin 1989, le CRTC demandait à CHRC de réexaminer les lignes directrices qu'elle lui avait soumises le 20 mars pour approbation et d'ajouter cette règle notamment (voir J.-P. Mikus, 1991, p. 187). Dans la version d'octobre 1990, on ne retrouve toujours rien à ce sujet, l'exigence ayant apparemment été abandonnée.

20. Dans le cadre de *Caméra 91* (Télévision Quatre Saisons, 8 septembre 1991), l'animateur du *Journal du midi* disait qu'étant donné le «rôle d'accompagnement» généralement dévolu à la radio, «il faut parfois faire du bruit» pour sortir le public de sa distraction.

21. Gilles Proulx a d'ailleurs pris la parole à Kahnawake lors d'une manifestation organisée par Solidarité Châteauguay, le samedi 18 août, pour forcer le gouvernement à faire réouvrir la route 132 et le pont Mercier. S'adressant à la foule depuis le toit d'une caravane motorisée, Gilles Proulx «s'en est pris particulièrement au gouvernement du Québec, et au premier ministre Bourassa, sous les applaudissements nourris et les cris d'approbation de la foule». Le journaliste de *La Presse* qui a rapporté la harangue de Proulx a jugé qu'il s'agissait là du «sommet» de cette manifestation. (Jules Béliveau, «Kahnawake: pas de chaîne de solidarité, mais des milliers de gens aux barricades», *La Presse*, 19 août 1990, p. A-3.)

22. L'expression est d'André Arthur (voir Daniel Lemay, «En direct et sans filet, André Arthur 'fait plaisir au monde'», *La Presse*, 27 octobre 1990, p. D-1).

23. L'agressivité n'est toutefois pas le seul véhicule des propos offensants et racistes. Dans l'édition du 22 août animée par le remplaçant de Michel Lacombe, Frédéric Nicoloff, un auditeur a fait ce commentaire sous forme d'analyse: «Les autochtones sont le lien entre la faune et la race blanche qui est la race supérieure».

24. On a observé le phénomène de la plus grande popularité de la radio le matin dans la majorité des pays où des études d'auditoires ont été menées (voir à ce sujet Nathalie Funès, «Qui écoute la radio? Une comparaison internationale», Jean-Marie Charon et Florian Sauvageau (dir.), *L'État des médias*, Montréal: Boréal, Paris: La Découverte, Médiaspouvoirs, CFPJ, 1991, p. 196-202.

Quelques mots au sujet de l'influence psychologique des tribunes téléphoniques lors de la crise de l'été 1990

Louis Bricault

Psychologue de profession, j'ai été appelé à Oka pendant l'été 1990 à titre de consultant auprès des populations vivant au coeur des conflits. Ayant côtoyé des gens aux prises avec tout le stress et l'instabilité que pouvaient susciter ces événements, c'est la question de l'influence, en de pareilles circonstances, des tribunes téléphoniques et du style explosif de certains animateurs que j'aimerais explorer[1].

Selon Lafond (1990), certains événements sociaux – telles la crise amérindienne de l'été 1990 ou encore la tuerie démentielle de Polytechnique – s'apparentent à des sinistres environnementaux et, comme ces derniers, évoluent selon des phases prévisibles. Chacune de ces différentes phases s'accompagne de réactions psychologiques relativement typiques chez les différents groupes de population (enfants, adolescents, adultes et personnes âgées) qui se voient confrontés à de telles situations.

Le tableau suivant décrit succinctement ces différentes phases et les réactions qui leur sont le plus communément associées.

PHASES D'ÉVOLUTION D'UN SINISTRE	RÉACTIONS OBSERVÉES
1. Phase d'avertissement	
Période au cours de laquelle les gens prennent conscience de la présence du danger.	Anxiété, peur (attaque ou fuite), incrédulité, négation.
Cette phase, ordinairement brève, s'est prolongée de manière exceptionnelle lors de la crise amérindienne.	Hostilité, colère, rage, impuissance.
2. Phase de danger	
Le danger est proximal et inévitable.	Peur et anxiété dominent.
3. Phase d'impact	
Période pendant laquelle le sinistre sème la destruction.	Stupeur, peur, anxiété, désespoir, sentiments d'impuissance et de grande vulnérabilité.
4. Phase d'inventaire	
Période qui suit immédiatement l'impact alors que les gens font l'inventaire des dommages.	Ahurissement, apathie, état de choc, repli sur soi, passivité, comportements souvent erratiques.
5. Phase de sauvetage	
Période où se déroulent les premières activités d'urgence.	Soulagement, torpeur, incrédulité.
6. Phase de rétablissement	
Période où les gens entreprennent le nettoyage des dégâts.	Déception, désespoir, réactions de deuil.
7. Phase de reconstruction	
Période de reconstruction physique du milieu et d'ajustement émotionnel.	Instabilité accrue, impatience, colère, sentiments d'impuissance, tristesse. Réactions à retardements: burn-out, stress accumulé.

Les populations directement touchées par de tels événements se trouvent donc dans un état d'instabilité psychologique croissante et, de ce fait, se révèlent potentiellement et collectivement plus influençables. Dans quelle mesure les tribunes téléphoniques, sortes de forums où les opinions individuelles accèdent à l'univers médiatique collectif, paraissent ainsi agrandies et chargées d'un plus grand poids de réel, dans quelle mesure ces tribunes influencent-elles, sinon le cours des événements eux-mêmes, du moins les réactions cognitives, émotionnelles et comportementales des individus? La réponse à cette question n'est ni simple ni évidente, et sans doute le fin mot de l'affaire continuera-t-il sans cesse de nous échapper, tant de multiples variables interviennent dans une telle situation. Les réflexions suivantes ouvrent cependant, me semble-t-il, des voies de recherche ou d'approfondissement utiles pour qui tente de répondre, ne serait-ce toujours que partiellement, à cette question de l'influence psychologique des tribunes téléphoniques sur les populations touchées par des «sinistres» sociaux ou environnementaux.

UNE TRÈS LONGUE PHASE D'AVERTISSEMENT

L'une des caractéristiques particulières de la crise amérindienne de l'été 1990 réside dans la durée exceptionnelle de la phase «d'avertissement», c'est-à-dire de cette période habituellement brève au cours de laquelle les gens prennent conscience d'un danger. À toutes fins utiles, cette crise sociale aura surtout consisté en une longue phase d'avertissement, le principal danger appréhendé (un bain de sang) ne s'étant jamais produit dans les faits. Or, comme le montrent les recherches portant sur les réactions psychologiques en situations de crise, la phase d'avertissement s'accompagne habituellement de vives réactions d'anxiété chez la plupart des personnes. Le danger est appréhendé et l'incertitude quant à l'issue des événements fournit une occasion particulièrement propice à l'élaboration de scénarios «catastrophisants», doublée d'un constat d'impuissance face aux faits réels. Sur le plan psychologique, j'ai observé que les réactions d'anxiété étaient de loin les plus fréquentes chez les gens qui m'ont consulté à Oka.

Une seconde réaction prévisible consistait en une vive hostilité des citoyens Blancs touchés envers les différents «acteurs» en place: groupes amérindiens, policiers, gouvernements et autres. Il ne s'agit pas ici évidemment de simples réactions de mécontentement face à une privation réelle. Non, je parle plutôt d'un vif désir de «punir», «blâmer» et «maudire» ceux qui sont perçus comme étant responsables de cette situation. Les réactions de ce type se révèlent plus fréquentes et plus intenses lorsque la cause d'un sinistre est attribuée à une intervention humaine plutôt qu'à des facteurs extérieurs incontrôlables (Lafond, 1990).

Comme je le crois possible, l'animation de Gilles Proulx, qui offre des points communs avec celle d'André Arthur, Simon Bédard et Louis Champagne, a pu contribuer, au cours de cette période, à l'exacerbation de ces réactions d'anxiété et d'hostilité.

Il faut en effet savoir que les premiers intéressés (les citoyens d'Oka et de Châteauguay) ne pouvaient, la plupart du temps, disposer d'une information directe et vérifiable au sujet des faits. Ils obtenaient cette information de manière «indirecte» par l'entremise des médias qui diffusaient un véritable déluge d'informations, souvent contradictoires et imprécises. Dans l'impossibilité de vérifier eux-mêmes la validité de ces rapports présumément objectifs des faits, les citoyens ne pouvaient démêler les rumeurs, situation qui laissait libre cours à leur imagination et, partant, à l'élaboration de scénarios «catastrophisants», créateurs d'anxiété. Les animateurs vedettes des tribunes téléphoniques ne se soucient guère d'objectivité, dans la majorité des cas, et n'hésitent pas à clamer de manière tonitruante leurs opinions personnelles sur les ondes, fournissant ainsi à leurs auditeurs de nombreuses occasions de troubles émotifs inutiles et superflus. À leurs trompettes médiatiques, s'ajoutait l'incohérence des faits. Que l'on se souvienne, à titre d'exemple, des déclarations du premier ministre Bourassa annonçant, à la fin août, l'intervention imminente de l'Armée canadienne dans le conflit, à défaut d'une levée des barricades amérindiennes à Châteauguay et Oka. Un ultimatum de trois jours, disait-on alors. Au cours de ces trois journées, les gens d'Oka, certains en proie à une vive anxiété et appréhendant le pire, ont à toutes fins utiles, déserté leur village, profitant massivement des services de relocalisation alors disponibles. Trois jours plus tard, rien ne s'était produit. Ils et elles rentraient alors chez eux, encore une fois inutilement bousculés dans leur vie quotidienne et habités de sentiments sans cesse grandissants d'impuissance et de révolte. Ceux qui n'ont pas vécu de près ces événements n'ont pas idée de l'ampleur de la désillusion et de l'impuissance qui affectaient une partie importante de la population okoise. Soudainement et brutalement confrontés à leur vulnérabilité, envahis par des hordes de journalistes, de policiers et d'intervenants de toutes sortes, livrés pieds et poings liés aux rumeurs les plus funestes, menacés de perdre leur manière même de vivre – somme toute, «otages» d'un événement qui les dépassait de loin et «tenus» de se plier aux incessantes et parfois inutiles tracasseries de leurs protecteurs officiels (policiers et soldats principalement) – nombre de citoyens d'Oka ont alors compris que l'individu ne représente qu'une quantité négligeable dans le contexte de tels événements collectifs. Que l'on se souvienne ici des «dommages collatéraux», euphémisme utilisé par les stratèges militaires américains pour désigner les pertes de vies humaines lors de la guerre du Golfe persique. Les deux événements ne peuvent bien sûr être comparés que de loin, mais les individus qui s'y voyaient confrontés restent, eux, des êtres humains de même nature, plongés dans des situations exceptionnelles qui font table rase de leurs droits habituels, c'est-à-dire de l'un des fondements même de leur stabilité psychologique.

Lors de mon second séjour à Oka dans le cadre des services d'après-crise (de décembre 1990 à mai 1991), j'ai été à même de constater chez de nombreuses personnes cet ébranlement fondamental de leurs «valeurs» personnelles. Les nombreuses études portant sur de tels événements montrent également que les réactions psychologiques des individus et des collectivités continuent de se manifester longtemps après les faits qui en furent initialement l'occasion (Lafond, 1990; Lamontagne, 1983).

Mais revenons en arrière et voyons ensemble comment les tribunes téléphoniques échantillonnées ont pu exercer une influence sur les réactions psychologiques des citoyens au cours du mois d'août 1990, c'est-à-dire au coeur même de la crise amérindienne.

LES TRIBUNES TÉLÉPHONIQUES

Avant de commenter les opinions exprimées par Gilles Proulx, passons en revue certaines des «saveurs» qui marquent habituellement le style de présentation des animateurs vedettes.

À partir des échantillons retenus, il ressort clairement que, dans la très grande majorité des cas, les animateurs se présentent comme des redresseurs de torts, des hommes d'opinions plutôt bien documentés, des commentateurs enflammés qui n'hésitent guère à dénoncer, ridiculiser, condamner, minimiser, critiquer, blâmer et j'en passe, le tout enrobé d'une certaine excessivité théâtrale, faite de métaphores emportées et de jeux de rôles à l'emporte-pièce. L'aspect spectaculaire du style même qu'empruntent des animateurs tels qu'André Arthur, Gilles Proulx, Simon Bédard et, dans une moindre mesure, Louis Champagne, est partie intégrante de leurs tribunes téléphoniques. Leur expression est souvent colorée, marquée d'une certaine originalité et de trouvailles verbales accrocheuses (je pense ici à la démocratie, décrite par Gilles Proulx comme une «médiocratie», par exemple) qui leur servent à exprimer leurs évaluations personnelles des faits. Ces champions de la libre expression ont, à n'en pas douter, un style général qui les caractérise et leurs commentaires sont exprimés avec une vigueur parfois explosive qui contribue à leur charisme personnel auprès des auditeurs.

Dans ce contexte, un animateur tel que Frédéric Nicoloff[2], dont le style se veut nettement plus neutre et impartial, ne peut manquer de surprendre. Son émission est nettement «radio-canadienne» d'inspiration: paisible à souhait, presque feutrée, offrant la parole aux experts et favorisant ensuite l'expression des auditeurs via une ligne ouverte au cours de laquelle l'animateur, plutôt que d'exprimer ses opinions personnelles, paraît rester soucieux de bien faire ressortir, sans l'évaluer ou la commenter, l'opinion personnelle de l'auditeur. Par cette démarche qui exclut les face-à-face vigoureux et emportés qui caractérisent si bien la manière habituelle des animateurs vedettes de tribunes, ce type d'émission rejoint certainement une clientèle cible autre et offre, de par sa facture même, une approche différente de l'événement. À n'en pas douter, ce second style d'animation suscite peu la controverse et, en tant que spectacle médiatique, offre moins de couleurs et d'éclats d'épées verbales. Ici, l'on ne pourfend personne.

Il vaut également la peine de noter qu'une émission telle que celle de Frédéric Nicoloff favorise davantage l'expression de l'auditeur, plutôt que la mise en valeur des opinions personnelles de l'animateur. Celui-ci anime et ne commente pas. Ses interventions restent brèves et les habiletés d'écoute qu'il met en jeu se caractérisent par une écoute passive efficace, dans un premier temps, et par des reformulations appropriées visant à clarifier le message de l'auditeur, dans un second temps. L'efficacité de ces procédures est aujourd'hui bien démontrée sur le plan de la communication interpersonnelle (Rogers, 1966; Carkhuff, 1969; Auger, 1972).

Tout à l'inverse, les animateurs «redresseurs de torts» adoptent un style d'écoute qui favorise la mise en relief de leurs points de vue plutôt que la clarification de ce qu'exprime l'auditeur. Ils utilisent avec abondance des procédures telles que l'investigation (Que feriez-vous si...?), l'induction de réponses (Vous trouvez pas Boubou trop mou?, Y a-t-y fait quèque chose pour nous autres?), les solutions immédiates (Faut que ça finisse!, Payez pas vos comptes!), la minimisation du point de vue de l'auditeur (Je ne sais pas si vous comprenez le problème, mais...), l'évaluation personnelle des faits (C'est dégueulasse!, C'est la même merde

partout!, C'est injuste!, Maudites niaiseries!) et une foule d'autres démarches qui contribuent directement à faire ressortir les réflexions de l'animateur plutôt que celles de l'auditeur. L'inefficacité de ces façons de faire
dans le cadre des relations interpersonnelles est bien documentée et l'on
ne s'étonnera pas d'apprendre que ces procédures sont typiques de la
communication de masse. Une relation interpersonnelle, nécessairement
plus intime, fondée sur de telles procédures se révélera très rapidement
conflictuelle. Les jugements tranchants, l'ironie, le mépris et l'indignation
outrée qui caractérisent également le style de ces animateurs contribuent
évidemment à les rendre spectaculaires, mais suppriment toute communication efficace entre celui qui s'exprime (ou tente de le faire), l'auditeur,
et celui qui n'écoute pas (tout en prétendant le faire), l'animateur. Ces
émissions radiophoniques n'offrent au mieux qu'un simulacre d'écoute et
la «libre expression» ne joue que pour ceux et celles dont les opinions
s'apparentent de près à celles du meneur de jeu. Pour tous les autres, le
risque est grand d'être réduits au silence sous une pluie de sarcasmes...
Dans ce type d'émissions, la modération n'a pas meilleur goût et les idées
exprimées par les animateurs de ces quasi-«tribunaux» téléphoniques sont
très souvent irrationnelles et irréalistes. Ils fournissent ainsi à leurs auditeurs des matériaux cognitifs avec lesquels ces derniers peuvent se troubler
émotivement. Il vaut la peine ici de faire remarquer que ce que nous
pensons des événements joue un rôle de première importance dans la
genèse de nos réactions émotives et comportementales. La plupart des
systèmes de psychothérapie s'accordent à dire que les troubles émotifs
chez l'être humain s'accompagnent presque toujours de pensées irrationnelles qui n'ont que peu ou pas de correspondance avec la réalité
observable. Ces pensées, relativement typiques malgré leur apparente
diversité, ont fait l'objet de nombreuses études en psychologie clinique
(Beck, 1976; Mahoney, 1974; Meichenbaum, 1977; Ellis, 1962) et, dans
un contexte de crise sociale, sans doute vaut-il nettement mieux favoriser
la diffusion d'idées réalistes créatrices de réactions efficaces mais modé-
rées plutôt que d'encourager la propagation de conceptions irrationnelles
sans fondement plus susceptibles de causer des réactions psychologiques
inappropriées.

Il est très instructif, à ce titre, d'établir un parallèle entre certaines
pensées irrationnelles régulièrement présentes dans l'esprit des personnes
m'ayant consulté à Oka au cours de la crise amérindienne et d'autres,
exprimées cette fois par Gilles Proulx au cours de la même période.

LES PENSÉES IRRATIONNELLES EXPRIMÉES

À Oka	À la radio (le *Journal du midi*, Gilles Proulx)
Les autorités en place devraient intervenir. Ce ne sont que des incompétents. (mépris, hostilité)	– La police indienne, c'est pas plus une police que mon cul – Crise des endormis de Québec et d'Ottawa! – L'armée ne fera rien! Tout ça est une perte de temps! – Les soldats sont venus manger de la crème glacée à Oka! – La SQ est vraiment à blâmer!
Ceux qui ont fait ça sont des écoeurants et ils méritent d'être sévèrement punis. (mépris, hostilité)	– Couper l'électricité et l'eau (aux Mohawks) – Une majorité avec un grand M d'Indiens méprisent les Blancs!
Il est profondément injuste d'être traités comme nous le sommes! Il n'y a plus rien qui tienne dans le monde où l'on vit. (désillusion, amertume, révolte)	– Dans quelle société de fous on s'est embarqué! – Pauvre Québec! – Maudites niaiseries! On rit du monde!
C'est nous qui sommes les imbéciles! Toujours à nous laisser manger la laine sur le dos! (rage d'impuissance, découragement)	– Peuple d'arriérés-mentaux! – Peuple d'épais! Peuple de Dings et Dongs! Faites-moi rire! – Petites torches, moyennes torches, grosses torches
Ceux qui ne pensent pas comme nous sont des imbéciles qui n'y comprennent rien. (mépris)	– Faut être cave pour penser comme ça! – Cessez de me jouer de la flûte! – Ignorants scolarisés!

Imaginez maintenant que ces commentaires radiophoniques soient livrés avec une fougue qui confine parfois à une quasi-fureur tant sa vigueur paraît surprenante. L'animateur assène ses opinions à ses auditeurs avec une conviction qui ne tolère presque aucune argumentation ou remarque contradictoire.

Je n'hésite pas à poser l'hypothèse que certaines idées irrationnelles propagées dans les émissions d'André Arthur, de Simon Bédard, de Gilles Proulx et de Louis Champagne qui faisaient partie de l'échantillon retenu aux fins de cette étude, aient pu contribuer au maintien d'une attitude d'intolérance et d'hostilité envers les différents acteurs de la crise amérindienne. Cette hypothèse qui apparaît encore plus probante si l'on parle plus spécifiquement des gens qui vivaient au coeur des événements, s'appuie sur une théorie générale du fonctionnement psychologique qui fait nettement ressortir la prédominance des facteurs cognitifs dans l'élaboration des réactions humaines. La façon dont un individu perçoit, analyse, interprète, décode, évalue, c'est-à-dire traite cognitivement les données de l'environnement exerce une influence quasi automatique sur ses émotions et ses actions. Les processus cognitifs dirigent, pour ainsi dire, les réactions émotives et comportementales. Or, les tribunes téléphoniques offrent-elles autre chose que de tels matériaux cognitifs à leurs auditeurs?

Les réactions psychologiques observées en situations de crise et décrites par Lafond *et al.* (1990) trouvent en fait leurs «causes» principales, non seulement dans les événements, sans doute exceptionnellement frustrants qui se déroulent, mais aussi et de manière prépondérante dans la manière dont les individus pensent eux-mêmes à propos de ces événements. Cette distinction entre l'OCCASION (l'événement) et la CAUSE (les pensées au sujet de l'événement) des phénomènes émotifs est cruciale lorsque l'on cherche à déterminer l'influence potentielle d'un phénomène quelconque – ici, les tribunes téléphoniques – sur les réactions psychologiques individuelles et collectives lors d'une situation particulière telle que la crise amérindienne de l'été 1990. Les tribunes téléphoniques, quelles que soient, par ailleurs, leurs caractéristiques propres (clientèle-cible, style d'animation, durée, format, etc.), restent des «occasions» de réactions émotives. Elles ne les causent pas directement. Ça, c'est l'auditeur qui le fait, via ses propres processus cognitifs. Si un individu est mis en contact avec une source d'information où s'expriment des pensées irrationnelles au sujet d'un événement qui le pénalise personnellement – et cela, selon moi, semble presque constituer l'une des caractéristiques des tribunes téléphoniques prises dans leur ensemble – la probabilité que cet individu adopte ces pensées, plutôt que d'autres qui seraient davantage susceptibles de l'aider à s'adapter avec un minimum de stress psychologique à l'événement, cette probabilité augmente et il n'est pas rare d'observer une certaine stéréotypie des pensées irrationnelles exprimées sur la place publique lors de tels événements. Le haut degré de diffusion des tribunes téléphoniques et leur style généralement spectaculaire contribuent sans doute à raffermir de nombreuses conceptions irréalistes déjà présentes dans la population de manière générale et peut-être surtout, du moins peut-on le penser, chez ceux et celles qui sont directement touchés par des événements naturels ou sociaux destructeurs. L'instabilité psychologique de ces personnes les rend potentiellement plus influençables à court terme.

DE L'AUTRE CÔTÉ DES ONDES...

Les aidants psychosociaux qui interviennent dans un contexte de crise sociale peuvent utiliser avantageusement les «outils» médiatiques (journaux, radio, télé) afin de communiquer des messages susceptibles de freiner l'apparition et/ou le maintien de réactions psychologiques excessives ou inutilement pénibles. Une crise personnelle survient toujours lorsque les stratégies habituelles d'adaptation au stress d'un individu deviennent inopérantes, situation particulièrement fréquente en situation de crise. C'est pourquoi, via les entrevues que j'accordais aux journalistes présents à Oka au cours du mois d'août 1990, il m'est apparu souhaitable de communiquer tôt aux gens que leurs réactions psychologiques étaient des réactions «normales» d'adaptation au stress face à une situation «anormale», et qu'elles s'effaceraient avec le temps. Ce type d'intervention, que les médias permettent de réaliser à grande échelle, offre une occasion aux gens de s'adapter avec plus de réalisme et avec un moindre stress émotif aux problèmes «techniques» qui les assaillent. Et les journalistes, caméras, enregistrements et entrevues radiodiffusées aident, humainement et électroniquement, à passer le message.

En face, comme l'illustre cette brève exploration de certaines tribunes téléphoniques diffusées à divers moments de la crise amérindienne de l'été 1990, d'autres messages circulent sur les ondes... faisant plutôt jouer aux médias un rôle d'amplificateur des tensions.

EN GUISE DE CONCLUSION

L'examen des enregistrements retenus dans notre échantillon ne permet guère de conclure à une influence directe des tribunes téléphoniques sur les réactions psychologiques des citoyens d'Oka lors de la crise amérindienne. Ces réactions consistaient surtout en des émotions parfois intenses d'anxiété et d'hostilité. Il ressort cependant de cet examen que la plupart des animateurs vedettes des tribunes téléphoniques encourageaient ouvertement, et à mon sens à très courte vue, l'expression des sentiments d'exaspération et d'hostilité dans «leur» population médiatique. Il s'agit là d'un manque flagrant de sens critique de leur part et ces animateurs ne pouvaient pas mieux procéder pour nous rendre clairement perceptible leur ignorance profonde des mécanismes psychologiques qui président aux réactions émotives et comportementales des individus. Leurs voix, mille fois multipliées sur les ondes, offraient de très belles occasions de malheur à ceux qui, bien sûr, voulaient bien les entendre... et, de l'autre côté des ondes, mais ô combien plus discrètement, quelques idées réalistes susceptibles d'aider les victimes, tentaient de percer cette immense cacophonie médiatique qu'est peu à peu devenue la crise amérindienne de l'été 1990.

NOTES

1. Le texte ne traitera spécifiquement que de l'émission de Gilles Proulx car, dans l'échantillon d'émissions proposé pour cette analyse, seule cette dernière et la tribune de Radio-Canada pouvaient être synthonisées dans la région d'Oka et Châteauguay.

2. Note de la rédaction: Dans l'échantillon d'émissions soumis à Louis Bricault, la journée du 20 août avait été retenue pour les stations de Montréal. Or, jusqu'au 27 août, Frédéric Nicoloff remplaçait Michel Lacombe.

«Les absents ont toujours tort»: ni Amérindiens ni néo-Québécois aux antennes francophones

Royal Orr

Pendant l'été 1990, j'ai animé à CJAD (station anglophone de Montréal) des douzaines d'émissions avec tribune téléphonique sur les divers problèmes et événements de la crise amérindienne. Ce qui m'a le plus frappé, à l'écoute des extraits d'émissions de la radio francophone[1], ce n'est pas tant ce qui a été dit, mais ce qui ne l'a pas été. L'absence de certains groupes dans ces tribunes est en effet remarquable, surtout du point de vue d'un animateur d'une station anglophone.

Dans les quelques pages qui suivent, je tracerai le portrait de deux absences: celle des Mohawks, puis celle des néo-Québécois, en tentant d'évaluer les effets de ces absences sur les émissions de la radio francophone. Je montrerai ensuite que, pour atteindre des auditoires multiculturels dans un marché pluraliste, la radio devra délaisser les animateurs dogmatiques.

L'ABSENCE DES MOHAWKS ET SES CONSÉQUENCES

Tout d'abord, dans les émissions que j'ai écoutées, aucun participant téléphonique ne s'est présenté comme Mohawk. Le 20 août, il est vrai, on a entendu au *Midi dix* de Radio-Canada une interview préenregistrée d'un «responsable de la sécurité» mohawk de Kanehsatake[2]. L'entrevue posait un problème, toutefois, car l'homme n'apparaissait pas comme un porte-parole officiel des forces de sécurité autochtones, et le journaliste n'a mentionné aucune démarche qui aurait été faite pour corroborer les dires de l'interviewé. Cette entrevue aura du moins rappelé aux auditeurs que des deux côtés de la barricade se trouvaient des êtres, en chair et en os, dotés de l'usage de la parole.

Quel contraste du côté anglophone! À certaines émissions de CJAD et lors d'entretiens radiodiffusés à la station anglaise de Radio-Canada à Montréal, non seulement les Mohawks étaient-ils présents, mais ils représentaient la majorité des participants, surtout au début de la crise. Le débat sur le thème «Que veulent les Mohawks?» fut particulièrement animé, les autochtones exprimant leur point de vue inlassablement, avec force et clarté.

Faut-il s'étonner de ce contraste? L'anglais est la principale langue européenne parlée par les Mohawks, alors que leur connaissance du français demeure limitée. Cette barrière linguistique a fait en sorte qu'on a entendu davantage les porte-parole des Mohawks dans les médias électroniques anglophones, où ils ressentaient plus vivement le besoin de rétablir les faits, considérant ces stations comme «leurs» antennes. Bon nombre de Mohawks étaient au courant de ce qui se disait sur la crise dans les différentes émissions anglophones de Montréal et savaient qu'ils pouvaient y prendre la parole.

On croit généralement que c'est l'opinion qui nourrit les discussions à la radio, mais ce n'est qu'en partie vrai. Le facteur le plus puissant dans ce type d'émissions est non pas l'opinion, mais l'expérience vécue et relatée. Une émission est souvent à son meilleur quand des auditeurs appellent pour raconter, simplement et sans détours, des expériences qui sortent de l'ordinaire. Ils peuvent en tirer des conclusions et émettre des opinions, mais c'est d'abord et avant tout leur expérience, racontée de façon imagée, qui attire les réactions d'autres auditeurs et, vraisemblablement, influence leur jugement sur la question.

Par exemple, à CJAD l'émission la plus animée et la plus électrisante, pendant la crise d'Oka, fut celle du lendemain de l'incident des pierres sur le pont Mercier. On se rappelle que, le 28 août 1990, des Mohawks qui tentaient de fuir Kahnawake en automobile furent la cible de manifestants lançant des pierres. Plusieurs personnes avaient été outrées par les images montrées à la télévision sur cet événement. Dès l'ouverture de l'émission, le 29 août, nous eûmes le témoignage, en dehors des ondes, d'une femme qui affirmait avoir conduit l'un des véhicules attaqués par la foule hostile. Convaincus de sa crédibilité, le réalisateur et moi avons décidé de faire entendre cette femme en ondes, où elle raconta, pendant quinze minutes, l'incroyable et effroyable aventure de sa fuite de Kahnawake, avec ses enfants et ses parents âgés.

Cet appel devint inévitablement, tout au long de l'émission, le point de référence des autres participants. Il a détourné, voire biaisé, la discussion, laquelle a donné lieu non pas à un échange de vues sur les mesures utilisées pour contrôler la foule, mais à un défoulement et à l'expression du dégoût envers les excès des manifestants.

Dans l'échantillon de tribunes téléphoniques francophones, on ne retrouve donc ni opinion, ni même expérience mohawk. La maxime se vérifie-t-elle? L'absence fait-elle l'effet d'un prisme déformant? A-t-elle donné lieu, comme le fait l'ignorance, au préjugé et à l'intolérance? Je crois que oui, du moins en ce qui concerne certains animateurs. Pour ce qui est des auditoires, la réponse est moins évidente.

Une présence mohawk aux tribunes téléphoniques francophones n'aurait pas été vaine. Bien au contraire, les auditeurs auraient mieux perçu, à mon sens, les sentiments de fierté et d'indépendance qui habitent ce peuple. Les problèmes du moment auraient pris des traits et des accents humains.

Mais, d'autre part, j'ai été frappé de voir à quel point les participants évitaient de critiquer les autochtones, faisant porter leurs commentaires sur la police, les gouvernements et les politiciens. Et, fait intéressant, dans le cadre d'une réflexion sur les tribunes, je crois que cette attitude s'est manifestée non pas à cause des animateurs, mais bien en dépit d'eux.

Plus souvent qu'autrement – et cela je le tiens de ma propre expérience d'animateur – les participants d'une tribune fournissent, par leur témoignage, l'élément manquant: un renseignement, un éclaircissement, une expression d'indignation ou encore de tolérance. Les émissions francophones qu'il m'a été donné d'écouter reflète une certaine réticence de la part des participants à adopter une position extrémiste vis-à-vis des événements ou, plus important encore, à l'égard du peuple mohawk et ce, malgré les incitations faites par certains animateurs en ce sens. Il appert qu'au Québec, dans les émissions de tribune téléphonique, l'auditoire fournit souvent la nuance ou la retenue qui fait défaut.

(Il faut dire que la distinction entre Warriors et Mohawks, par exemple, a été établie très tôt par les autorités politiques et les médias, qui ont dépeint les Warriors comme étant la principale source du conflit. Mais l'empressement avec lequel les auditeurs qui participaient aux tribunes ont saisi et fait leur cette distinction mérite d'être souligné.)

Dans certaines émissions, «les interventions des auditeurs gravitent généralement autour de l'idéologie et des préoccupations que l'animateur met de l'avant[3]». Mais le stéréotype de l'animateur ignare et dogmatique, appuyé par un public flagorneur, s'applique de moins en moins alors que les radiodiffuseurs en constatent les limites, comme je l'expliquerai plus loin.

Radio-Canada évite cet écueil, car la politique journalistique de la société s'applique également aux animateurs d'émissions d'affaires publiques. Évidemment, un animateur peut, par des questions habiles, donner une tournure particulière à une discussion avec un invité en studio ou un participant téléphonique, mais le processus éditorial auquel sont soumises les émissions de Radio-Canada empêche tout abus dans ce domaine.

En conclusion, on peut dire que dépourvues de présence mohawk, les tribunes téléphoniques en langue française ont versé dans la médiocrité et l'ennui. Leur auditoire a toutefois su éviter les principaux excès qu'aurait pu causer cette absence. Bien sûr, quelques auditeurs ont peut-être succombé à la tentation d'une analyse simpliste, réductionniste ou raciste – et certains animateurs y ont vu un bon scénario d'émission. Mais la complexité et les ironies du monde réel ont rallié cependant plus d'intervenants que les généralisations hâtives sur la prétendue nature des autochtones et des non-autochtones et de leurs sociétés respectives. On peut donc penser que l'influence des animateurs dogmatiques ou même irresponsables, surtout quand leur style relève davantage du divertissement que du journalisme, est nécessairement (et heureusement) limitée.

L'ABSENCE DES NÉO-QUÉBÉCOIS

Les néo-Québécois étaient tout autant absents que les Mohawks des émissions de l'échantillon. Telles qu'elles ont été exprimées sur les ondes de CJAD, leurs vues sur la crise amérindienne, souvent les plus intéressantes, représentaient toute la gamme des émotions, de la sympathie jusqu'à l'hostilité envers les Mohawks. Les néo-Québécois revendiquaient avec force et passion l'égalité pour tous les Canadiens, sans traitement de faveur pour les autochtones. En même temps, ils rappelaient aux auditeurs les implications que prenaient sur la scène internationale les événements qui se déroulaient ici.

L'absence des néo-Québécois aux antennes francophones représente cependant bien plus qu'une carence sur le plan des opinions exprimées ou qu'un indice du faible niveau d'intégration des communautés culturelles à l'ensemble de la société. Elle rappelle aussi l'un des défis majeurs que pose pour les animateurs radiophoniques une population, ou un marché, de plus en plus multiculturel et hétérogène. En effet, les statistiques démographiques de Montréal sont telles que les animateurs doivent maintenant penser de plus en plus à attirer les néo-Québécois, lesquels pourraient très bientôt composer la moitié de la population de la métropole. Cet auditoire potentiel revêt une importance particulière compte tenu de l'étroitesse du marché montréalais des médias. La jeunesse des néo-Québécois accroît leur importance, comme marché potentiel.

Pour les responsables de programmation, la maxime «les absents ont toujours tort» ne peut être que relative: quand les cotes d'écoute baissent trop, ils sont obligés de donner raison aux absents...

Comme la sociologue Marie-Hélène Lavoie, je reconnais que la tribune téléphonique est d'abord et avant tout un phénomène commercial: «il s'agit d'un spectacle téléphonique, dont le but premier consiste à retenir l'attention du plus grand nombre, de manière à obtenir les meilleures audiences et à récolter les meilleures recettes publicitaires[4]». Mais cet impératif commercial – la lutte pour les cotes d'écoute – ne s'affiche pas toujours dans toute son évidence au plan même de la programmation, surtout dans des marchés en transformation rapide.

Mme Lavoie ajoute avec raison que «sensation et controverse se retrouvent donc au menu quotidien des tribunes[5]». Mauvaise controverse ou sensationnalisme inopportun peuvent toutefois rebuter autant d'auditeurs qu'ils n'en attirent si le sensationnalisme puise trop facilement aux préjugés racistes ou sexistes. Je ne crois pas que des émissions farcies d'extrémisme et d'intolérance soient pour les stations radiophoniques de Montréal des atouts auprès de la population croissante de néo-Québécois.

Dans un marché pluraliste, les problèmes des responsables de la programmation se compliquent encore du fait de l'évolution rapide des tendances dans les habitudes d'écoute, spécialement au sein de l'auditoire jeune et bien nanti, québécois d'origine ou non. L'attention de cet auditoire particulier, les annonceurs la valorise.

LE DÉCLIN DES ANIMATEURS DOGMATIQUES?

On ne doit pas sous-estimer ce phénomène des générations quand on examine les tendances de la radio parlée. Au Canada, l'ère des animateurs dogmatiques semble connaître un temps d'arrêt. Aux Jack Webster et Pat Burns[6], bien connus pour leurs idées arrêtées et leurs excès de langage, ont succédé des gens de la trempe de Bill Good à Vancouver et Andy Barrie à Toronto dont les armes du métier sont l'analyse pondérée plutôt que les éclats de voix. Il s'agit d'animateurs au profil adapté à leurs auditoires multiculturels et de classe moyenne.

Un numéro de la revue *Talkers: the Newspaper of Talk Media* confirmait, en 1991, que la tendance de la radio MA américaine à délaisser la musique au profit de la parole se poursuivra. On y apprend aussi que la radio dite «de service» se centrera de plus en plus sur l'information, y inclus l'information «vitale» comme les bulletins réguliers de circulation et de météo (diffusés toute la journée). Des stations comme WBZ Boston programmeront des émissions avec tribune téléphonique, mais l'information, et non la personnalité des animateurs, prédominera dans l'image promotionnelle de la station. Les animateurs seront subordonnés aux nouvelles et à l'information.

Cette revue révèle par ailleurs que «the spectrum of possible positions and formats in the world of 'news', 'news/talk' and 'talk radio' is virtually as infinite as those that exist in music radio[7]» (L'éventail des possibilités d'agencements et de formules dans le monde de «l'information», de «l'information/radio parlée» et de la «radio parlée» (axée sur la discussion, le commentaire) s'étend pratiquement à l'infini comme celui de la radio musicale). Cette supposée infinité de formules pourrait faire craindre qu'une station ne décide un bon jour d'exploiter à fond la haine, la peur et le racisme comme éléments promotionnels. Mais les revues spécialisées américaines affirment régulièrement que la radio «attaquante» n'est pas la formule la plus lucrative pour les stations MA, bien qu'elle connaisse une vogue certaine pour ce qui est des émissions distribuées à plusieurs stations («syndicated»). C'est le cas de l'émission quotidienne de ce phénomène, Rush Limbaugh, qui fait époque dans l'histoire de la radio américaine. L'émission de ce conservateur spécialiste de la provocation est diffusée par plus de 650 stations et écoutée par des millions d'auditeurs qui, soit l'adulent, soit s'indignent de ses propos mais l'écoutent tout de même[8].

L'échantillon de quelques émissions ne peut permettre de situer le rôle des tribunes téléphoniques dans l'attitude des Québécois, pendant l'été 1990. De façon générale, je crois que les auditeurs modernes se tournent vers la radio autant pour le divertissement que pour l'information. Ces auditeurs sont déjà informés par d'autres médias quand ils écoutent les tribunes, et leur expérience collective est beaucoup plus variée que celle de l'animateur moyen ou de l'invité en studio. Leur opinion est déjà suffisamment formée. Nous, les animateurs, pouvons confirmer certaines de ces opinions et, si nous faisons bien notre travail, remettre en question certaines idées préconçues. Au demeurant, notre influence est, je crois, étonnamment limitée. De plus en plus, on réévalue notre valeur compte tenu des tendances actuelles du marché de la radiodiffusion. Notre importance en tant que vedettes du monde de la radio MA pourrait finalement être sur son déclin.

NOTES

1. Voir l'annexe C qui dresse la liste des émissions qui ont été soumises aux collaborateurs pour fins d'analyse.

2. Note de la rédaction: Un journaliste interrogeait en effet l'un des patrouilleurs bénévoles d'un système de surveillance mohawk, mis sur pied pendant la crise, au sujet de vols et de vandalisme commis dans des maisons d'Oka dont les résidents avaient été évacués. Rappelons que les collaborateurs du présent livre ont écouté un échantillon d'émissions. Il est arrivé à quelques autres occasions d'entendre des représentants amérindiens.

3. Marie-Hélène Lavoie, «En Amérique du Nord, controverses à propos des tribunes téléphoniques», sous la direction de Jean-Marie Charon avec la collaboration de Florian Sauvageau, *L'État des médias*, Montréal / Paris, Boréal / La Découverte / Médiaspouvoirs / CFPJ, 1991, p. 204.

4. *Ibid.*

5. *Ibid.*

6. Dans les années 1960, Pat Burns a joui d'une popularité certaine à Vancouver (CJOR), puis à Montréal (CKGM) où il animait une tribune quotidienne d'une durée de 7 heures. Il était le disciple d'une philosophie plutôt libérale, mais son style très direct et ses tactiques d'animation douteuses – par exemple, il lui arrivait de diffuser un entretien téléphonique sans le consentement de son interlocuteur – ont fait l'objet de vives critiques. Pour en savoir plus sur le personnage, lire l'article de Susan Dexter: «The Mouth that Roars», *Maclean's*, 15 octobre 1966, p. 24-57.

7. *Talkers: the Newspaper of Talk media*, 22 juillet 1991, p. 2.

8. Limbaugh anime aussi une émission de télévision quotidienne retransmise par plus de 200 stations. Pour en savoir davantage sur le personnage, lire son ouvrage *The Way Things Ought to Be*, New York, Pocket Books, 1992.

Radio mohawk et dialogues culturels
Réflexions sur l'émission *The Party Line,* de Radio-Kahnawake

Lorna Roth[1]

Le téléphone [...] offrit la possibilité, dans un sens, de se trouver au même moment en deux endroits. Il permit à des gens de se parler à des distances considérables, de réfléchir à ce que d'autres ressentaient et de réagir immédiatement, sans profiter de la réflexion qu'offraient les communications épistolaires [...] Les lignes collectives créèrent une nouvelle sorte d'expérience simultanée, parce que les anciens systèmes faisaient sonner tous les téléphones d'une même ligne, et que tout intéressé pouvait décrocher pour écouter (Kern, 1991, p. 188).

[...] On tisse en effet ici un merveilleux assemblage langagier dans la mémoire de chaque jour (Baxter, 1906, p. 235).

Au Québec, bon nombre de collectivités minoritaires, ethnoculturelles ou multiraciales, et de nations aborigènes (Mohawks, Cris, Inuit, Attikameks-Montagnais, Algonquins, Micmacs) produisent des émissions de radio, mais c'est une activité mal connue à cause du public restreint qui les reçoit et de la faiblesse des revenus publicitaires. Durant l'été 1990, cet anonymat s'est perdu dans les territoires mohawks, alors que les multiples voix du peuple mohawk, diffusées par les minuscules postes émetteurs CKRK, à Kahnawake, et CKHQ, à Kanehsatake, se sont adressées à un vaste auditoire au profil varié. Se servant de leurs deux postes comme d'installations de sonorisation, les gens engagés dans la confrontation[2] de 1990 entre Mohawks et gouvernements ont fourni aux habitants de Kahnawake et de Kanehsatake l'information quotidienne, de nature stratégique, nécessaire pour survivre à l'épreuve qui les a frappés durant l'été. Avant d'examiner *The Party Line* («La ligne collective»), une émission produite à CKRK qui a montré que la formule des tribunes téléphoniques peut apporter de véritables bénéfices sociaux, un rapide portrait de la radio des communautés de Kanehsatake et Kahnawake à l'été 1990 sera tracé.

KANEHSATAKE

Parce que Kanehsatake n'est pas une réserve, le territoire habité par la population autochtone ressemble à une catalogne. La station CKHQ est située le long d'une route qui était occupée et régulièrement surveillée par les agents de sécurité canadiens. Si un membre du personnel de CKHQ abandonnait son poste, rien ni personne ne pouvait garantir son retour. C'est pour cette raison que deux animateurs mohawks dévoués, Marie David et Bev Nelson ont décidé de ne pas risquer la fermeture de la station; ils ont plutôt pris la courageuse décision d'y vivre, sans savoir s'ils quitteraient longtemps famille et foyer. Ils se sont alimentés avec frugalité à cause d'une pénurie de vivres et ont dormi à la station de radio communautaire du 11 juillet au 29 septembre 1990, soit jusqu'à la toute fin de la crise.

L'auditoire local de CKHQ est resté relativement stable tout au long de l'été. La station rejoignait des habitants des territoires amérindiens non contestés, les occupants du Centre de désintoxication engagés dans le conflit et les populations des environs immédiats d'Oka et de Hudson (de l'autre côté du lac Saint-Louis). Elle débordait aussi légèrement sur certaines collectivités voisines. Et comme l'accès de la station au monde extérieur était limité, le téléphone et le télécopieur la reliaient à des groupes nationaux et internationaux de soutien afin de témoigner, de l'intérieur, des événements qui s'y déroulaient. La station recevait aussi les émissions du poste CKRK de Kahnawake. Le nombre d'auditeurs était encore multiplié du fait que d'autres stations de radio, canadiennes ou étrangères, étaient sensibilisées à l'importance du rôle joué par CKHQ dans la survie quotidienne de la collectivité. Les animateurs mohawks ont été interviewés par des services de radio ou de télédiffusion presque tous les jours durant l'été 1990. Des extraits d'émissions de la station ont parfois été fournis à d'autres postes par téléphone ou, de temps à autre, été repiqués par quelques journalistes montréalais sympathisants, pour être retransmis par une station montréalaise, régionale, nationale ou internationale, possédant un plus vaste auditoire.

KAHNAWAKE

La réserve amérindienne de Kahnawake est plus étendue que Kanehsatake, et les autorités canadiennes n'occupaient pas son territoire. La population jouissait donc de sa liberté de mouvement à l'intérieur du village, et, dans une certaine mesure, d'un accès limité au monde extérieur en traversant le fleuve Saint-Laurent vers Lachine ou Dorval.

Pendant l'été, le personnel de CKRK a été réduit à trois personnes (y compris le directeur de la station Conway Jocks). Certains employés ont évacué les lieux en prenant conscience du temps que pourrait durer la confrontation. D'autres, qui n'habitaient pas la réserve, ont décidé de ne pas revenir à cause de la colère des habitants hostiles aux Mohawks, dans les collectivités environnantes qu'il leur faudrait traverser pour atteindre la réserve.

L'auditoire de CKRK était plus étendu que celui de CKHQ et comprenait souvent des auditeurs de celle-ci, lorsque le temps était favorable. CKRK pointait son antenne vers Kanehsatake, en souhaitant que les conditions atmosphériques permettent que son signal soit porté jusqu'à l'autre groupe assiégé. On le recevait aussi à Châteauguay, dans d'autres municipalités environnantes et dans la partie ouest de l'île de Montréal. Diffusant depuis 1980, CKRK était mieux connue que CKHQ. Les employés de CKRK, comme ceux de CKHQ, se sont engagés à rendre publics leurs points de vue en fournissant, de l'intérieur, des informations à l'intention des réseaux de radiodiffusion situés à l'extérieur. Il était très facile de les rejoindre, avec leurs nombreuses lignes téléphoniques et leur télécopieur, et ils sont devenus une source de renseignements très courue.

À une époque qui suivait tout juste les réductions des versements du fédéral pour le soutien technique et administratif des communications et la préparation d'émissions chez les autochtones, Radio-Kahnawake devenait la plus puissante voix radiophonique des Premières Nations dans le sud du Québec, dépassant les 300 000 auditeurs pendant les périodes d'écoute maximale, qui comprenaient la tribune téléphonique (Higgins,

1990, p. 14)[3]. CKRK a joué un rôle de pivot en fournissant d'autres formes de renseignements et a démontré une importance stratégique d'au moins deux manières: a) par la construction d'une assise de soutien pour la position mohawk dans l'opinion publique; et b) par la médiation dans le règlement des nombreuses crises, petites ou grandes, à mesure qu'elles ont surgi.

L'une des plus remarquables émissions diffusées par CKRK pendant l'été 1990 était sa tribune téléphonique, *The Party Line*. Nous l'examinerons ici, avec son histoire, son contexte, son style particulier, son rôle à l'intérieur et à l'extérieur de la collectivité, son animatrice et son importance comme véhicule de promotion des communications interculturelles. Mais commençons par un court rappel historique.

CKRK, UN VÉRITABLE CENTRE NERVEUX

Le poste de radiodiffusion mohawk de Kahnawake voit le jour en 1980; il est alors le porte-voix des communications du centre culturel Kanienkehaka Raotitiohkwa, un organisme local qui se consacre à la promotion et au renforcement de la culture et de la langue mohawks. La radio communautaire se propose principalement de faire circuler le savoir autochtone à Kahnawake et de propager sur la place publique un débat sur des questions intéressant les membres des tribus mohawks. CKRK a joué un rôle crucial dans le renforcement des croyances de la culture mohawk, en plus de faciliter de véritables débats sur des sujets aussi éloignés l'un de l'autre que les revendications territoriales et l'éducation des enfants à l'amérindienne. En créant une tribune pour les mohawkophones actuels, elle s'est trouvée à appuyer la revitalisation de la langue parlée indigène et la création d'un milieu culturel plus dynamique pour les élèves du réseau d'écoles primaires d'immersion dirigé par les Mohawks de la réserve.

Le deuxième objectif visé à l'origine par CKRK consistait à «informer [ses] auditeurs occasionnels de ce qu'[elle est] et de ce à quoi [elle croit]» (Jocks, 1991, p. 1). Pour ce motif, la direction de CKRK a fait ériger une antenne de 50 watts qui lui permettait d'atteindre un auditoire très éloigné des limites de la localité. Les émissions produites par les Mohawks, grâce à cette décision d'ordre technique, pouvaient donc être captées dans les villes du sud-ouest de l'île de Montréal et dans la plupart de celles de la rive sud du fleuve; en résumé, cela permettait de s'en servir directement comme instrument de relations publiques interculturelles. On ne doute pas que cela ait eu des effets positifs et négatifs avant, pendant et après la crise: positifs étant donné que les étrangers pouvaient écouter les «points de vue des gens de l'intérieur» et se faire une opinion plus juste et mieux équilibrée sur les questions complexes sous-jacentes; négatifs à cause des risques d'appropriation par d'autres étrangers à la recherche de «leur propre» moyen ou véhicule de représentation.

Depuis 1989, alors que son influence potentielle dans la collectivité avait été reconnue et mise à l'épreuve par des groupements locaux luttant pour l'obtention de pouvoirs de persuasion, la direction de CKRK avait tenté de maintenir une ligne de conduite non partisane à l'égard de la politique dans la réserve. Parce que cela était connu de tous au moment de la confrontation entre les gouvernements et les Mohawks, la station est devenue l'une des sources de renseignements et de communication les plus respectées par l'ensemble de ses fidèles auditeurs (en majorité des gens de langue anglaise ou mohawk). Il n'y a aucune émission en français à CKRK et peu de gens parlent français dans la réserve.

Cela a eu pour effet que, durant l'été 1990, afin de connaître l'attitude du public à l'égard de la confrontation, telle qu'exprimée dans les émissions de la radio ou de la télé française, on a dû s'en remettre à des auditeurs bilingues qui se portaient volontaires pour faire la traduction à l'intention des employés et des auditeurs anglophones.

Pendant la confrontation, CKRK s'en est tenue à cette ligne de conduite: agir aussi normalement que possible et maintenir l'éventail habituel des émissions. L'émission *Music Playlists* a eu tendance à présenter des chansons à message prophétique fort, comme par exemple *Give Peace a Chance*, de John Lennon, ou *The Freedom Song*, de Frosty, un habitant bien connu de Kahnawake. La station a mis à l'horaire et transmis les types suivants d'éléments de programmation: renseignements sur la surveillance; conseils sur la façon de prolonger des ressources limitées; annonces des services publics concernant les manoeuvres de la police ou de l'armée; allées et venues des habitants; mises à jour des négociations politiques et des informations sur le terrain; appels au calme et à la modération à l'intention du public, par des membres du conseil de bande; réponses préparées à l'avance pour le public; conversations avec des témoins et des participants sur le front; petites annonces; et déclarations politiques. La station est devenue l'un des plus importants véhicules capables d'informer la population sur un ton relativement pondéré et de maintenir ouvertes des voies vers les collectivités voisines. L'inscription à l'horaire d'une tribune radiophonique a constitué la manière la plus efficace d'encourager et de promouvoir les communications avec l'extérieur.

LA TRIBUNE TÉLÉPHONIQUE

On a depuis longtemps reconnu qu'une tribune téléphonique constitue un puissant moyen de création d'un débat public puisqu'elle permet à des participants de dialoguer dans un contexte différent de la réalisation radiophonique conventionnelle (Higgins et Moss, 1982, 1986). Elle crée un espace médiatique à l'intérieur duquel quiconque est en mesure de capter le signal radio peut, anonymement, faire ce qu'il tient pour une déclaration significative sur le sujet débattu. Autrement dit, les auditeurs peuvent s'exprimer librement et jouer divers personnages capables de faire des déclarations litigieuses, en sachant que les conséquences négatives seront moindres que si leur propre image devenait visible dans le public. Cela ne signifie évidemment pas qu'une tribune téléphonique n'est pas soumise à la moindre contrainte. D'abord, au Canada, la loi interdit la diffusion de tout commentaire injurieux exprimé dans le but intentionnel d'exposer un groupe de personnes à la haine ou au mépris pour des motifs raciaux; ensuite, l'animateur et l'équipe de réalisation dirigent le déroulement du programme, ce qui inclut la façon dont l'animateur comprend, interprète et reformule les commentaires des auditeurs.

La tribune téléphonique de CKRK se distinguait de celle des autres stations du Québec par sa position avantageuse «à l'intérieur des barricades», qui lui donnait du même coup accès aux véritables intervenants engagés dans ce conflit et dans la recherche de solutions. Bien évidemment, les employés de CKRK pouvaient aussi surveiller la plupart des autres canaux de radiodiffusion régionale pour fournir à leurs auditeurs une perspective non seulement dualiste, mais également très complexe. Les autres stations n'avaient pas le loisir d'offrir un tel éventail d'intervenants.

La solidarité de la collectivité mohawk s'est véritablement soudée lors de l'émission *The Party Line*, en même temps que celle-ci devenait le lieu d'échanges interculturels avec le monde extérieur. Cette dernière qualité à elle seule la différenciait fortement des tribunes des autres radiodiffuseurs, anglais comme français, de tout le Québec.

Les similitudes étaient toutefois nombreuses avec ces autres tribunes. Chaque station attirait des participants de même langue par un ensemble commun de suppositions préliminaires sur la nature politique des conflits. En majorité, les déclarations des auditeurs étaient utilisées par chaque animateur pour venir appuyer le raisonnement interprétatif préféré ou dominant de la station (ou de l'animateur lui-même) à l'égard de la confrontation et de son déroulement historique. Les participants s'en prenaient parfois aux visions ou aux interprétations particulières d'un animateur à l'égard de la crise, ce qui entraînait des débats enflammés sur les ondes. Plusieurs participants ne recherchaient qu'une bonne dispute avec un animateur prêt à se chamailler.

THE PARTY LINE OU DIALOGUES CULTURELS

Lorsque la SQ [Sûreté du Québec] s'est attaqué aux barricades d'Oka, nous avons relaté les faits comme à l'accoutumée, mais au même bulletin nous avons ajouté une autre nouvelle, soit que plus tôt dans la journée des hommes, manifestement des Warriors, avaient tabassé des agents de la CUM [Communauté urbaine de Montréal] dans la réserve après une poursuite policière.

Peu de jours après, nous avons compris que les barricades resteraient en place un certain temps, que la situation empirerait et que le poste de radio jouerait un rôle important. J'ai donc décidé de faire appel à mes antécédents militaires et j'ai établi une ligne de conduite visant à contenir les excès dans le calme, avec raison et sans passion, comme si j'étais détaché de ce qui se passait. La rumeur était l'ennemi public numéro un. Nous suivions une règle stricte: confirmer les nouvelles très sérieuses et ignorer le reste. Nous avions pour but d'être au service de la collectivité durant une période de crise (Conway Jocks, 1991, p. 5).

Au cours de l'été 1990, la pénurie de personnel a amené la station à une mise au point dans sa programmation. Plus que tout, elle voulait que se maintienne une impression de normalité. Pour aider les Mohawks à communiquer entre eux, le directeur de la station a considéré qu'une tribune téléphonique serait un bon moyen de «poursuivre d'importantes conversations». On a donc approuvé au début de l'été une tribune téléphonique prolongée. Faciles d'accès pour échanger des informations sur la collectivité, les premières émissions ont fait état d'un auditoire si nombreux que Conway Jocks a décidé de programmer une première tribune à l'heure du dîner et une seconde dans la soirée, entre 19 h et 21 h et se prolongeant de temps à autre jusqu'à 22 h. Jocks a lui-même servi d'animateur au début, mais ayant constaté que des questions plus urgentes le requéraient ailleurs, il a proposé le travail à Nathalie Foote, une ancienne présentatrice de CKRK et une des dernières à être encore derrière les barricades. Au départ réticente, elle décida quand même d'accepter.

L'émission est bientôt devenue une façon de franchir la barricade, l'unique lien direct que nous ayons avec le monde extérieur, alors que nous acquérions rapidement une mentalité d'assiégés (Jocks, 1991, p. 7).

À l'été 1990, *The Party Line* débutait par une prière indienne:

Ô Grand Esprit dont j'entends la voix dans le vent et dont le souffle donne vie à tout l'univers, écoute ma prière. Je viens devant toi, enfant parmi tes nombreux enfants. Je suis petit et faible. Je recherche ta force et ta sagesse. Fais-moi marcher dans la beauté. Fais que mes yeux voient toujours le rouge et le pourpre du couchant; que mes mains respectent ces choses que tu as créées; que mes oreilles ne perdent pas la moindre de tes paroles. Donne-moi la sagesse, pour que je sache les choses que tu as enseignées à mon peuple, pour que je découvre la leçon cachée par toi dans chaque feuille, chaque goutte. Ce n'est pas pour être supérieur à mes frères que je recherche ta force, mais pour pouvoir combattre mon plus grand ennemi: moi-même. Fais que je sois toujours prêt à me présenter devant toi les mains nettes et les yeux francs, pour qu'au crépuscule de ma vie mon esprit vienne à toi sans honte.

Suivait la lecture des règles, relativement simples, de la tribune téléphonique:

1. Aucune grossièreté ne sera tolérée en ondes.

2. Aucun nom de famille ne sera divulgué. Celui ou celle qui désire donner un nom de famille devra demander à parler à une personne de l'administration de la station qui transmettra l'appel.

3. Il est interdit de nommer quelqu'un qui entre dans la réserve de Kahnawake ou en sort.

Venait ensuite le traditionnel:

CKRK. You're on the air (Vous avez l'antenne).

Pendant ces quatre mois, *The Party Line* est apparue comme un point de mire local et régional pour former et propager l'opinion publique et une information critique. Nathalie Foote avait les qualités requises pour diriger une radio en temps de crise; elle était patiente, directe, apaisante. Elle savait qu'il n'y avait pas seulement des Mohawks, y compris des Warriors, qui l'entendaient, mais que nombre d'habitants de Châteauguay et de

Lasalle pouvaient écouter sans intervenir. Amicale, familière, elle commençait souvent l'émission en questionnant son premier interlocuteur sur la situation dans son propre quartier, comme ici: «Vos enfants peuvent-ils aller où ils veulent sans ennui? Pouvez-vous aller au magasin pour faire l'épicerie? Que pensez-vous de la situation de l'armée?» (30 juillet 1990)

Elle se consacrait ensuite entièrement aux questions et sujets à débattre que les autres auditeurs apportaient à l'émission.

La tribune est devenue très populaire au cours de l'été, alors que Mme Foote faisait preuve d'une utilisation de la radio parmi les plus innovatrices qu'il m'ait été donné de connaître. Répondant parfois à plus d'une centaine d'appels à l'heure, elle a mis au point une technique de dissipation de la tension – psychothérapie radiophonique – ressemblant fort à une forme radiodiffusée de Tel-Aide. De sa voix douce, elle a invité les auditeurs à expliquer leurs sentiments tout au long de la crise. Elle a encouragé certaines personnes ayant des tendances racistes à appeler et à diriger vers elle leurs sentiments hostiles, même si elles ne parlaient qu'un mauvais anglais. Voici un exemple de sa stratégie de communication:

Aux habitants de la région de Châteauguay qui ont, de fait, exigé l'entrée de l'armée [dans la réserve], je demande comment vous vous sentez depuis qu'elle est là. Je souhaiterais entendre votre point de vue, pour qu'on puisse voir le revers de la médaille (16 août 1990).

À quelques reprises, elle a invité ceux qui brûlaient des Mohawks en effigie et les «lanceurs de pierres aux autos des Mohawks» à venir s'expliquer et à exposer leurs déclarations racistes gratuites.

Elle espérait qu'une réponse à ce genre d'appel suppléerait à la brutalité physique. Son raisonnement était celui qu'avait suggéré Martin Luther King: si la violence constitue le langage de celui qui s'exprime avec peine, la possibilité de parler en public devrait diminuer chez lui le besoin d'agir physiquement. Plusieurs auditeurs lui ont répondu; à la fin de leurs remarques hostiles, elle les remerciait et raccrochait. Elle a rarement «perdu contenance» et a maintenu un niveau de diplomatie relativement constant, même au cours de périodes très tendues. Mme Foote a inventé de nouvelles façons d'utiliser la radio pour diffuser une énergie hostile. Elle s'en est servi pour créer une catharsis et comme outil de médiation dans le conflit.

Il y avait aussi des centaines d'auditeurs sympathisants, parmi lesquels de nombreux non-Amérindiens qui appelaient pour témoigner de leur solidarité ou avertir les assiégés de rassemblements de policiers dans une région particulière. Certains téléphonaient pour prévenir d'autres gens d'agressions raciales potentielles à divers endroits en dehors de la réserve. Plusieurs appelaient pour féliciter les Mohawks et leur souhaiter de réussir; certains pour réciter des poèmes écrits en réaction au bouleversement personnel que leur causait le conflit. Des gens d'affaires bilingues (français et anglais) de Châteauguay ont souligné leurs préoccupations à l'égard des conséquences économiques possibles de l'accroissement de divisions ethniques qui se renforçaient chaque jour que le pont Mercier restait bloqué. Des participants de langue française faisaient état de leur évaluation du baromètre de l'opinion publique chez les francophones, à partir de leur propre lecture des journaux ou écoute des médias.

Désireuse d'obtenir des renseignements du plus grand nombre possible de sources, CKRK a encouragé ses auditeurs à devenir journalistes de leur propre chef et à informer le poste de détails de la crise à partir de leurs antécédents et perspectives individuelles ou de groupe. Cela a très probablement attiré au poste de nombreux auditeurs militants. Ils arrivaient de cette façon à fournir une petite quantité d'énergie, de vigueur, à une cause que les sympathisants non résidants ne pouvaient que fort peu influencer.

On a aussi tenté de garder le sens de l'humour – réflexe stratégique de survie psychologique peu étonnant – afin de créer une certaine distance par rapport aux événements. Par exemple, un soir, Nathalie Foote a commencé l'émission par la lecture du texte suivant intitulé «La barricade». Il s'agissait d'un pastiche d'une annonce bien connue de la bière Labatt à l'époque.

LA BARRICADE

So the other night, I went to *La* Barricade, wolfing down *La* cookhouse food, sharing graciously with *La* spectators. Then I see him. Ooh! The warrior of my dreams. I want to kiss him on the *La* lips, *La* earlobe, but *La* bandana is covering his face. Then, from out of nowhere steps *La* SQ. I immediately show him *La* weapon. Unfortunately for me, *La* weapon is... *La*... baseball bat (16 août 1990)[4].

L'humour, évidemment, faisait partie de la stratégie destinée à maintenir un sentiment de normalité de tous les jours sur les ondes.

La station a aussi continué à passer les annonces locales, comme celle de la caisse populaire de l'endroit qui, ironiquement, avait pour slogan: «Plus besoin de se déplacer pour obtenir de l'argent!», une pub cherchant à convaincre les habitants de Kahnawake de l'emplacement «commode» de la caisse.

La tribune était régulièrement interrompue par des avis publics, qui jouaient toutefois un rôle crucial dans l'attrait qu'offrait l'émission en lui conférant une actualité constamment mise à jour. Certains messages étaient codés en mohawk pour des motifs de sécurité ou de discrétion et ils exigeaient, pour être décodés, la connaissance de renseignements très spécifiques ou ayant trait à la région.

Un des autres moyens qui permettaient de maintenir un train-train quotidien consistait à continuer la diffusion du «Radio-Bingo» à l'heure prévue au programme. Les discussions préliminaires sur l'opportunité de garder à l'antenne le bingo se sont présentées à peu près comme ceci:

Auditeur – On a mentionné quelque chose à propos du bingo. Je ne veux pas être impoli, mais je crois que nous devrions maintenir les ondes disponibles. Je pense que nous devrions nous concentrer très très fortement sur les événements en cours.

N. Foote – Oui, nous avons eu des appels à ce sujet. Ironiquement, ce sont ceux qui veulent le bingo qui ont appelé et qui ont massivement défendu sa diffusion pour donner aux gens le temps de se détendre...

Auditeur – ...se détendre et se relaxer.

N. Foote – C'est ça, se détendre et se relaxer. Et c'est pourquoi le bingo continue; parce que les gens l'ont demandé. Vous savez, ils disent qu'ils sont conscients que les gens n'ont aucun endroit où aller; et toutes les fois qu'ils ouvrent la télé ou la radio (et ainsi de suite), il y a toujours de la tension, et, à l'unanimité, ils apprécieraient que le bingo se poursuive. Comme vous le savez, on l'a annulé hier, et nous avions dit, à titre d'essai, qu'il se poursuivrait ce soir; à titre d'expérience, comme je l'ai dit. Nous diffuserons le bingo pour que tous aient, en quelque sorte, la sensation de retourner à une situation relativement normale – pour ne pas penser à tout ça.

Toutefois, puisque nous parlons du bingo, nous avions une préoccupation, celle de savoir ce qui se passe. Ne vous inquiétez pas, nous irons s'il le faut jusqu'à minuit pour diffuser le bingo, mais chaque fois qu'un avis public devra être présenté, la partie sera suspendue. Qu'il s'agisse de la première ou non, nous l'interromprons immédiatement et passerons le message pour que les gens auxquels il est destiné n'aient pas à se faire de souci. Notre télécopieur crache du papier, et chaque fois qu'il arrive quelque chose par cet appareil, [l'information] s'en va directement sur les ondes. Je ne sais pas si vous étiez à l'écoute hier soir, mais les déclarations étaient lues à partir de la télécopie, et l'émission régulière était coupée sans préavis. Je sais que vous devez être fatigué. Alors portez-vous bien, gardez le contact et faites attention à vos enfants. *Onen*[5] (4 juillet 1990).

Le bingo est une importante activité de divertissement ayant cours dans la réserve. Le maintien en ondes du «Radio-Bingo» marquait une condition de stabilité, comme une prolongation des activités quotidiennes habituelles si souhaitées pendant cet été plein de tensions.

CKRK, UN INSTRUMENT D'ALPHABÉTISATION

À l'extérieur des limites territoriales affectées par la crise, la plupart des invités de *talk-shows* et des animateurs de tribunes téléphoniques étaient des «étrangers» qui réagissaient à des interprétations de la confrontation ayant déjà fait l'objet d'une médiation et commentaient celles-ci de loin. La tribune téléphonique de CKRK, pour sa part, fonctionnait comme un filet à nouvelles – saisissant des points de vue de témoins oculaires «de l'intérieur», «sur les lieux», dans la pinède ou derrière les barricades du pont Mercier, pour les retransmettre électroniquement au monde extérieur.

Média à la fois marginal et classique, Radio-Kahnawake a été identifiée à un prétoire efficace pour recevoir les griefs ayant trait à divers aspects journalistiques dénaturés dans les principales chaînes de radio-télé. On y dénonçait des conversations et des comportements hostiles survenus sur les ondes d'autres stations de radio, comme à CJMS, dont un animateur de tribune aimant le sensationnel orchestrait le «sentiment de racisme anti-Mohawk». Nathalie Foote a souvent reçu des appels motivés par le besoin de «rectifier une information des médias».

Durant la deuxième moitié de l'été, on a allégué que Gilles Proulx (CJMS) s'était servi de sa tribune radiophonique comme d'une base de renseignements autour de laquelle des protestataires pouvaient s'organiser. En d'autres mots, on le soupçonnait d'avoir employé une partie de son temps d'antenne afin de créer un soutien populaire pour des groupes non officiels, opposés aux Mohawks et engagés dans la confrontation. De plus, des témoins qui ont appelé CKRK ont rapporté que ce même animateur avait été vu à Châteauguay, debout sur un véhicule automobile, vêtu d'un tee-shirt du groupe «Solidarité Châteauguay» et hurlant des slogans anti-Mohawks dans un mégaphone[6]. Sachant combien la plupart des gens ont peine à distinguer, chez le citoyen, l'individu de la personnalité publique, telle qu'un animateur de radio très connu, il s'agissait d'une position compromettante pour un personnage public influent. On a aussi prétendu que ce même animateur avait incité des gens à la violence et au racisme le jour où des pierres ont été lancées à des Mohawks sur le pont Mercier. On l'a soupçonné (le 28 août) d'avoir retransmis un avis de Radio-Kahnawake indiquant le moment où un groupe donné de Mohawks traverserait le pont, évacués de la réserve en convoi pour des motifs de sécurité et de santé. Certains ont cru qu'en rediffusant ces renseignements, CJMS informait les protestataires opposés aux Mohawks du lieu et du moment où ils pourraient rencontrer certains d'entre eux pour provoquer une confrontation raciale[7]. Radiomutuel inc., détenteur du permis de CJMS, a soutenu avoir eu pour but, tout l'été, d'offrir aux gens de toutes les convictions politiques – y compris des porte-parole de Solidarité Châteauguay et de Lasalle – une vaste gamme de possibilités de s'exprimer. Le vice-président Michel Arpin a maintenu que sa station reflétait la diversité d'opinions exigée par la loi canadienne sur la radiodiffusion.

Le Conseil de la radiodiffusion et des télécommunications canadiennes (CRTC), conjointement avec le ministère de la Justice du Canada, s'est penché sur la question après avoir reçu au moins sept plaintes au sujet de «commentaires racistes entendus» de la bouche de Gilles Proulx pendant son émission – et alimentant des sentiments anti-Mohawks (Higgins, 1990, p. 16). La directrice du bureau du CRTC dans la région de Québec, Mme Lucie Audet m'a informé que le CRTC a seulement pu prouver, légalement, que M. Proulx avait donné l'«*impression* d'attitudes racistes dans l'ensemble de son discours, mais qu'il avait fait des commentaires sur les Warriors, par opposition aux Mohawks, et qu'il ne pouvait de ce fait être poursuivi, puisque les Warriors ne constituent pas une race» (Mme Lucie Audet, entretien privé, 10 avril 1992).

Autre exemple de «rectification d'une information des médias»: un auditeur se plaint à Mme Foote qu'une bonne portion de son interview à CFCF a été citée hors contexte et diffusée par *Pulse News*:

Auditeur – J'appelle pour rectifier une information. Je suis passé à l'émission *Pulse News*, de CFCF-TV, hier soir, et j'ai été mal cité. Voici ce qu'ils m'ont fait dire: «Qu'est-ce qui se passera s'ils ont une revendication territoriale au Dakota du Nord? Vont-ils encore fermer le pont Mercier?» Voici ce que j'ai réellement dit: «Est-ce qu'ils doivent bloquer le pont chaque fois qu'ils veulent obtenir l'attention du gouvernement?» C'est tout ce que j'ai dit. Ça avait l'air franchement mauvais. Vous savez, Nathalie, je suis un sympathisant de la cause autochtone. J'ai de bons amis là – le chef du conseil de bande Alwyn Morris...; je pourrais vous en nommer d'autres. J'ai des parents dans la réserve. Ma tante était Indienne. Ils ont tout rapporté de travers.

N. Foote – Ça sent mauvais. Avez-vous rejoint le Canal 12 pour faire corriger vos dires et pouvoir vous expliquer correctement avec eux?

Auditeur – Vous savez, j'ai été reporter sportif, Nathalie, et je sais que les gens sont parfois cités hors contexte. Je ne peux pas blâmer le journaliste, mais c'est mal fait quand même. Je sais ce qu'est la réalisation, mais ça ne m'aide aucunement ici. Je veux seulement que vous sachiez ce qui manque, qui est, à mon avis, très important. Je suis un sympathisant, et on m'a fait passer pour le contraire. Les gens peuvent ne pas trop aimer cela, mais c'est quand même comme cela que je me sens.

N. Foote – Bon. Votre message a été entendu. Portez-vous bien et bonne nuit (16 août 1990).

La grande importance d'avoir un auditoire qui soulève de telles questions tient au fait qu'il permet à tous d'entendre simultanément des points de vue conflictuels portant sur le même ensemble de questions et d'événements. Des témoignages comme le précédent contredisent en grande partie ce que les écoles de journalisme nous enseignent normalement sur l'«objectivité» et la description impartiale. Plus encore, ils offrent l'occasion de tirer des leçons très révélatrices sur la production de l'information et permettent de comprendre que la présentation organisée d'arguments décousus s'explique en fait par une série de décisions prises par la rédaction à partir d'un schéma interprétatif préconçu.

Les avis et les déclarations que CKRK s'est trouvé à rassembler ont nettement démontré que ce qui apparaît, une fois rédigé ou réalisé, comme une analyse simple et nette se compose de sources conflictuelles d'information; que, dans l'argumentation journalistique, les témoignages sont soigneusement choisis; que les animateurs peuvent toujours manipuler arbitrairement des opinions contradictoires sur les ondes.

Une écoute attentive de la programmation de la tribune téléphonique de CKRK a suscité chez les auditeurs des questions sur la validité des sources d'information des grandes chaînes radiophoniques de la région de Montréal. Si les radios anglaises, françaises et mohawks donnaient des versions si différentes des événements «là-bas dans la pinède» et «sur le pont», laquelle d'entre elles les auditeurs devaient-ils croire? Y avait-il en cours une suite de faits «objectifs» descriptibles de la même façon par tous ses témoins? D'autre part, pourquoi les médias déformaient-ils les dires des gens? Et enfin, lequel des récits des médias concurrents disait la vérité, la vraie, aux divers auditoires? Pouvait-il y avoir une vérité «là-bas dans la pinède» et sur le pont Mercier, ou tout n'était-il que relativité? Les médias sont-ils le lieu de combats perpétuels pour des significations privilégiées des événements?

Les conflits entre Mohawks et non-indigènes et la multiplicité des voix qui se font concurrence pour définir avec rigueur la vision du public sur les événements ont fait en sorte que le phénomène de construction de l'information par les médias est devenu visible et audible. En écoutant les données brutes et en les réécoutant dans leur version transformée «en ondes», même le moins instruit des auditeurs pouvait apprendre des choses sur la préparation des nouvelles et le fait que des journalistes privilégient certains renseignements.

CONCLUSION

L'espace médiatique envisagé comme une arène d'où émergent les significations dominantes des événements est devenu un sujet de débat notoire (Bennett, 1980; Van Dijk, 1991). CKRK a ajouté deux éléments cruciaux à la gamme d'émissions offertes au public par les médias pendant l'été 1990. D'abord la station a joué le rôle d'un babillard électronique interactif pour la collectivité assiégée, et ensuite elle a encouragé l'échange de propos entre des groupes de cultures différentes placés de part et d'autre des barricades mohawks.

CKRK a délibérément utilisé des périodes de conversations, en ondes, avec des auditeurs non autochtones, pour démontrer que les Mohawks en général n'étaient pas ces sauvages indiens «stéréotypés», de type Warrior, qui avaient été décrits par plusieurs grands médias. Malgré leur nombre restreint, les communications des animateurs de CKRK ont pu se faire en termes raisonnés et dépourvus de l'agressivité typique des Warriors; ils ont en conséquence contribué à briser certaines des représentations publiques simplistes qui faisaient de tous les Mohawks des Warriors. En invitant des auditeurs non autochtones à participer aux émissions et à prêter l'oreille aux débats internes des Mohawks, ils cherchaient et sont de fait arrivés à susciter un appui considérable pour leurs positions politiques, sociales, culturelles et territoriales.

L'épisode de CKRK, une station au faible rayon de diffusion qui a contesté publiquement et avec succès les raisonnements de poids tenus par les grands diffuseurs, apporte encore un solide témoignage à la démonstration que, malgré la taille réduite du poste émetteur dans ce cas-ci, l'accès aux ondes constitue une arme puissante pour défier et influencer la formation de l'opinion publique.

NOTES

Je remercie Conway Jocks pour les idées et les impressions qu'il a partagées avec moi pendant l'été 1990 et lors de la rédaction de ce texte, et Valerie Alia pour ses observations et ses suggestions lors de la rédaction d'une version préliminaire.

1. Pendant que j'écrivais ce court essai, je me suis rappelée de façon précise la tension et les attentes que je ressentais en écoutant CKRK chaque soir que je me trouvais à Montréal au cours de l'été 1990. J'écoutais attentivement Radio-Kahnawake (CKRK) parce que j'avais participé à son organisation préliminaire et à sa création (1978-1981) et que je connaissais encore les principaux responsables qui dirigeaient la station. De plus, je venais tout juste de finir de donner un cours de formation aux bénévoles de la station de radio communautaire à Kanehsatake (CKHQ) et j'étais au fait des questions politiques qui avaient conduit à la situation tendue de l'été. Puisque je me trouvais loin à l'extérieur du périmètre couvert par leur antenne de dix watts, je ne pouvais capter les émissions de Radio-Kanehsatake et j'étais donc rivée à CKRK.

2. Comme le remarquera le lecteur, j'hésite à me servir du terme «crise» pour décrire la confrontation entre Mohawks et gouvernements cet été-là, à cause de la nature ininterrompue des conflits politiques. En outre, il est important que le lecteur sache pourquoi j'emploie le terme «gouvernements» au pluriel. Je fais ici allusion au conflit qui oppose les Mohawks à trois niveaux d'administration: la municipalité d'Oka, le gouvernement du Québec et le gouvernement du Canada.

3. Au dire de Conway Jocks, CKRK «ne pouvait pas ou ne voulait pas être membre du BBM (Bureau de mesure de l'écoute radiophonique) pour savoir où nous nous situions. Pourtant, notre taupe installée dans une des grandes stations montréalaises nous a rapporté que nous attirions presque un demi-million d'auditeurs pendant notre tribune téléphonique. Si c'est vrai, c'est la plus grande nouvelle qui soit – et le secret le mieux gardé de tous» (Jocks, 1991, p. 10).

4. «*La* nuit dernière, je suis allé à *La* Barricade, engloutissant *La* nourriture de *La* cuisine, partagée avec bonne grâce avec *La* spectateurs. C'est là que je l'ai vue. Ôôôôh!, *La* Warrior de mes rêves. Je veux l'embrasser sur *La* lèvre, *La* lobe d'oreille, mais *La* foulard lui couvre *La* figure. Alors surgit de nulle part *La* SQ. Je lui montre immédiatement *La* arme; mal m'en prend, *La* arme

101

est...« *La*... bat» de baseball.» (16 août 1990) (Note du traducteur: En anglais, l'absence de genre pour les substantifs rend le jeu de mots plus attrayant; ce «La» appuyé constitue une abréviation du nom «Labatt», et la compagnie en a abondamment fait usage dans de nombreuses publicités en anglais.)

5.   «*Onen*» signifie «au revoir» en langue mohawk.

6.   Note de la rédaction: *La Presse* fait état de la «harangue de Gilles Proulx» à Kahnawake dans l'édition du 19 août 1990 (Jules Béliveau, «Kahnawake: pas de chaîne de solidarité, mais des milliers de gens aux barricades», *La Presse*, 19 août, p. A-3).

7.   Note de la direction: Dans une lettre datée du 9 novembre 1990 et adressée à Gaëtan Lefebvre, du comité contre l'autocensure et les pratiques non démocratiques, le CRTC blanchit la station CJMS et les animateurs Gilles Proulx et Paul Arcand quant aux allégations d'incitation à la violence le jour de la lapidation (voir le texte de Pierre Trudel dans le présent ouvrage, p. 152-153).

Morceaux choisis

Ces «morceaux choisis» laissent voir le pire comme le meilleur (ou le moins pire) des propos des animateurs et, dans une moindre mesure, de leurs invités du public. Plusieurs commentaires révèlent les excès de cette formule radiophonique, qui verse parfois carrément dans la propagande haineuse ou le racisme. D'autres citations témoignent d'une certaine mesure dont peuvent aussi faire preuve les animateurs quand ils refusent de sanctionner les positions extrémistes, qu'ils demeurent vigilants vis-à-vis des affirmations des auditeurs, et qu'ils évitent de baser leurs commentaires sur les rumeurs ou les préjugés.

Il ne faut pas voir dans cette collection un échantillon de tous les aspects du travail des animateurs, ou encore un «modèle réduit» des émissions. Néanmoins, elle illustre certaines dimensions assez constantes, et non pas exceptionnelles, de chacune des tribunes d'affaires publiques et d'actualité que nous avons retenues pour cette étude.

Rappelons que ces fragments proviennent d'émissions diffusées pendant les trois dernières semaines du mois d'août 1990, soit du 13 au 31 août. Plus d'un mois après le début apparent de la crise (le conflit était présent bien avant le 11 juillet), les tentatives de négociations échouent, malgré la signature d'une entente préalable entre les gouvernements de Québec, d'Ottawa et les Mohawks. Les événements marqués de violence se multiplient: au début de cette période, on parle de l'assaut des policiers de la Sûreté du Québec contre des manifestants du groupe Solidarité-Châteauguay sur le pont Saint-Louis-de-Gonzague, et pendant la dernière semaine, on commentera les gestes de Blancs ayant lancé des pierres sur des automobiles quittant la réserve de Kahnawake. Enfin, c'est aussi à cette époque que l'armée prend le relai de la Sûreté du Québec et annonce sa stratégie de démantèlement des barricades (revoir l'annexe B pour plus de détails sur ces événements).

■ Le *Journal du midi,* CJMS, Montréal (GILLES PROULX)

Quand on voit des résultats de sondage du genre... les maudits niaiseux ici qui répondent, sondage Léger et Léger: 68 % des gens sont favorables à la reconnaissance des autochtones comme société distincte ou à la souveraineté [...] ils savent même pas ce que ça signifie [...] 51 % sont satisfaits du travail du juge Alan B. Gold [médiateur nommé par le premier ministre Brian Mulroney], faut vraiment être un peuple d'arriérés mentaux pour répondre ça majoritairement. (20 août)

* * *

Extrait d'une entrevue avec Konrad Sioui, porte-parole de l'Assemblée des Premières nations:

Proulx – *Mais, monsieur Sioui, j'aurais envie de dire moi, je vais donner aux Mohawks des terres qu'il y a là, vers l'autoroute 30 là, pis demain vous abandonnez les bingos, pis les niaiseries, pis la poudre, pis la violence aussi – la maudite police anglaise de Kahnawake, qui est pas plus une police indienne que mon cul – à se faire arrêter par des maudits Américains habillés avec leur chapeau de cow-boy pis leurs lunettes fumées, ils vont lâcher ça, tout d'un coup, pis devenir des hommes d'affaires? [...] Voyons donc monsieur Sioui!*

Sioui – *Ben là, je pense que vous charriez un peu...*

Proulx – *[Il monte le ton] Non, je charrie pas, parce que je passe régulièrement là pis je me suis déjà fait arrêter, pis baver par eux autres. Alors, me parlez pas d'Indiens, c'est des Américains!*

Sioui – *[...] C'est une question de juridiction, on sait que c'est problématique, on sait qu'à l'heure actuelle, il y a des Indiens qui peuvent travailler aux États-Unis, qui ont une double citoyenneté – et c'est normal aussi parce que ça a toujours existé, parce qu'il y a des traités qui veulent ça – c'est peut-être difficile à comprendre mais c'est la réalité. Il y a des* *gens qui ont de la difficulté à avoir des permis de travail ici au Québec qui vont travailler à l'extérieur...*

Proulx – *Pis y ont un chèque d'assurance chômage parallèlement, pensez-vous qu'on sait pas ça, monsieur Sioui!*

Sioui – *Ouais, mais ça c'est du «ragotage»...*

Proulx – *Monsieur Sioui, le 2 millions d'électricité, c'est-tu un détail ça, qu'on paye pas, pis les caves d'Hydro-Québec qui disent: on fera pas de trouble avec ça, pensez-vous que c'est un exemple pour les maudits caves qui payent l'électricité à tous les mois! [...] Quelle sorte de maudite société de fous dans laquelle on est embarqué!*

Sioui – *Oui, mais on a la société qu'on se donne, on a les leaders qu'on se donne, pis si personne prend ses responsabilités, si tout ce qu'on fait c'est de crier dans les ondes publiques comme on est en train de le faire à matin... (20 août)*

* * *

Cette farce plate de 250 millions de dollars [les négociations et la gestion de la crise], à cause avant tout de ces maudits intellectuels à pipe... qui se sont fourré le nez là-dedans, qui, avec leur premier réflexe de colonisés, ont endossé leur uniforme de culpabilisés... ces communistes, tricoteux de paniers, leveux de boucliers, mémères, palabreux, tatas, niaiseux, journalistes miteux, c'est tous eux autres qui sont responsables de ça! (27 août)

* * *

Voilà que l'armée est arrivée, mesdames et messieurs. Quelle a été la première préoccupation de nos autorités? C'est de s'assurer comment on va faire la transition. Où sont les casse-croûtes? Est-ce qu'il y a une crémerie dans les parages? C'est à peu près ça la caricature ridicule du rôle de l'armée qui va que monter l'état de compte des Québécois, dont la facture atteint maintenant plus de 150 millions de dollars. Et à Québec, et à Ottawa, on palabre, on palabre. Et je m'aperçois d'une chose,

mesdames et messieurs, à la lumière de cette expérience, il faudrait que les Québécois ne souhaitent pas devenir souverains! Il ne faut pas que les Québécois agissent comme une majorité. Au contraire, l'avenir est dans les minorités. Nous devrions avoir hâte que l'on devienne une minorité et ainsi faire chanter le gouvernement! *(27 août)*

* * *

Un auditeur de Châteauguay croit que le gouvernement devrait faire évacuer les résidents de son secteur, en vertu des mesures mises en place pendant la crise, et en assumer les frais:

Proulx – Vous êtes à combien de milles de la réserve?

L'auditeur – Peut-être 1,5 kilomètre de la réserve. C'est à 2 minutes.

Proulx – Mais, monsieur, ce n'est pas le Viêt-nam! Vous n'êtes pas à Diên Biên Phû là![...] monsieur, de grâce, ne paniquez pas là, c'est propre aux Québécois d'avoir peur... *(28 août)*

■ ANDRÉ ARTHUR, CHRC, Québec

Avez-vous assisté par la télévision, hier, à l'émeute policière qui a été organisée à Châteauguay par la Sûreté du Québec? Qu'est-ce que ça vous permet de prédire au point de vue libertés pour l'avenir dans ce beau pays du Québec? Bourassa est en train de faire l'indépendance en tapette, c'est-à-dire en hypocrite, en gars qui veut pas la faire mais qui la fait activement. Le PQ, lui, nous proposait de la faire de façon honnête. Est-ce qu'il y a quelqu'un au Québec qui va proposer de ne pas la faire, on peut le souhaiter aussi. Mais après, ça sera quel genre de pays, ce pays où la police, hors contrôle, est capable d'attaquer les gens tout simplement parce qu'ils manifestent leur insatisfaction face aux gouvernement.

Est-ce que ça vous fait pas penser à certains pays de cul, genre Haïti [...], où les gens, il suffit qu'ils aillent dans la rue pour manifester contre le gouvernement pour que leur vie soit en danger. Un enfant de dix ans hier a été matraqué par la Sûreté du Québec dans la région de Châteauguay. [...] Est-ce que ça vous inquiète ou si ça vous rassure? La Sûreté du Québec a pris le contrôle du Québec [...] Est-ce que le Québec est en train de devenir une dictature policière? (13 août)

* * *

Ça prend une bonne dose d'inconscience et pis d'infantilisme pour arriver à la conclusion que c'est Ottawa qui a tramé l'attaque de la Sûreté du Québec. Ben voyons donc. Le gouvernement fédéral n'a pas été pire ni mieux qu'avant. Y est toujours dirigé par un Brian Mulroney. Bon. Le gouvernement fédéral a pas été différent. Le Québec non plus. Avec notre moumoune nationale, on n'a pas bougé, on a gelé... Vous rappelez-vous la semaine dernière, quand il vous a fait plaisir, notre mollusque, pis qu'il a levé sont 'tit poing au-dessus de la table pis qu'il a dit: «Si dans quarante-huit heures, les Indiens ont pas fait ci, pis ont pas fait ça... vous allez voir». Qu'est-ce qui est arrivé? Le quarante-huit heures est passé depuis long-temps. Qu'est-ce qui est arrivé? Rien, rien en toute. Qu'est-ce qu'il faut penser de quelqu'un qui lève son petit poignet pis qui dit: «Dans quarante-huit heures là...» pis que le petit poignet y reste cassé au-dessus de la table? Qu'est ce qu'on pense de ce gars-là après? C'est une moumoune, comme en 70. (14 août)

* * *

Pourquoi un ouvrier québécois qui, à 8 h 17, est au travail ce matin, pis y a trop de tapage dans son usine, pis y fait trop chaud pour qu'il écoute la radio [...] Pourquoi cet ouvrier qui sue sang et eau pour payer ses impôts, pourquoi cet ouvrier-là, ses impôts serviraient à payer les études universitaires d'un Indien, alors que lui n'a pas l'argent pour envoyer son fils à l'université? (15 août)

* * *

Un auditeur – *Je me suis promené encore récemment dans le village huron ici à Loretteville [...] je suis monté en arrière là dans le développement, et ça ressemble à n'importe quel développement urbain.*

Arthur – *Ben oui. Mais monsieur, moi je vais continuer à dire, à tort ou à raison: j'ai 46 ans; n'importe quel Indien qui n'en a pas 47, j'étais ici avant lui!*

L'auditeur – *C'est évident.*

Arthur – *Bon. Pis n'importe quel Indien qui en a plus que moi, c'est comme n'importe quel Québécois qui en a plus que moi, je lui en dois une. Pis s'ils veulent ravoir leurs terres, je suis peut-être bien près à leur en redonner, mais ils vont me redonner mes toilettes à l'eau, ok?!*

L'auditeur – *Je pense qu'il y a une question d'être raisonnable là-dedans. Sans être agressif ... (15 août)*

* * *

N'empêche que Sam Elkas [le ministre de la Sécurité publique] est un homme courageux. Depuis le début de la crise, à la seule force de son propre courage, il a réussi à reculer les barrières de l'insignifiance. Tout seul, à mains nues. Il a démontré qu'on peut toujours être plus insignifiant qu'on pense au Québec. Surtout quand le premier ministre est un mollusque tapettoïde. Mais ça, c'est un autre problème. (27 août)

* * *

Extrait d'une discussion avec un auditeur qui s'est dit ancien militaire au début de l'entretien:

L'auditeur – *Pourquoi c'est des bons «22» [22e régiment de l'armée canadienne], des canadiens français qui vont à Oka? Pourquoi ils n'ont pas pris une unité anglaise?[...]*

Arthur – *Elle était où la plus proche, l'unité anglaise?*

L'auditeur – *À Petawawa, il y en a une.*

Arthur – *Bon alors Valcartier c'était plus proche. Ne serait-ce qu'au plan économique c'est un peu mieux, non? [...] Pensez-vous vraiment qu'on a choisi Valcartier pour ça [le fait que ce soit des francophones]?*

L'auditeur – *Ben voyons, monsieur Arthur!...*

Arthur – *Êtes-vous devenu paranoïaque ou si vous êtes né de même? [...] Vous charriez là, franchement. Expliquez-moi ça.*

L'auditeur – *Parce qu'ils vont dire des Québécois sont sur les deux bords de la barricade pis y vont défendre la population du Québec. Si vous auriez mis une armée anglaise qui vient de l'ouest, pensez-vous que la population l'aurait autant supportée, avec l'échec du Lac Meech qui vient de se passer?*

Arthur – *Pourquoi vous êtes sorti de l'armée, vous?*

L'auditeur – *[...] ils m'ont sorti parce que j'étais plus apte au service.*

Arthur – *Qu'est-ce qu'il a dit le docteur?*

L'auditeur – *[...] j'ai un dos qui est mal en point ...*

Arthur – *Est-ce que ça se peut que vous soyez frustré sur les bords?*

L'auditeur – *Si vous sauriez tout ce qui se passe dans ce système-là. Je l'ai combattu pendant des années...*

Arthur – *C'est ça. Ça fait 13 minutes que vous manifestez de la frustration, pis que vous dites si vous saviez. Vous aviez rien qu'à le dire! (28 août)*

* * *

Un auditeur – *Y a pas de «négociage» à faire avec ces gars-là [...] J'en ai assez vu, monsieur, sur le bord de la route pour aller à Baie-Comeau [...] des Indiens qui traînaient sur le long des routes, monsieur, sales comme des cochons. Ah monsieur, j'en ai vu de ça!*

Arthur – Y a aussi de parfaits gentilshommes chez les Amérindiens, Monsieur. Il faut le dire. Faut pas oublier de le dire. *(31 août)*

■ **Réaction, CJRP, Québec
(SIMON BÉDARD)**

Un auditeur – J'aurais une suggestion à faire. J'espère que ça peut tomber dans les oreilles de quelqu'un d'assez intelligent, pour le faire sauter le maudit pont! Pis après ça ben, ça donnerait une bonne raison pour pouvoir entrer dans les barricades pis anéantir ces voyous-là [...] Trouvez-vous que ma suggestion est bonne?

Bédard – Non non, mais faire sauter le pont Mercier, y a des limites là! *(14 août)*

* * *

Un auditeur – Monsieur Bédard, est-ce que vous voyez une ouverture dans ce conflit-là?

Bédard – Moi, la seule chose que je peux voir là... comme là actuellement, il y a deux cents chefs indiens qui sont à Winnipeg. Brian Mulroney devrait aller les rencontrer avec Bourassa pis dire à ces chefs-là: êtes-vous pour la façon d'agir des Warriors ou si vous êtes contre? Faites-nous un vote. Si vous êtes contre, on va nettoyer ça tout de suite. Pis avoir l'appui des autres chefs indiens parce qu'ils disent que c'est juste un petit groupe-là, ils disent que l'ensemble des nations indiennes du pays sont contre la façon d'agir des Warriors. Si c'est le cas, tu rentres là avec l'armée pis tu nettoies tout ça. Cinquante morts, cent morts, cent vingt-cinq morts, ça vient de s'éteindre. On enterre tout ça pis on continue à vivre!

L'auditeur – Oui...

Bédard – Mais là, si on laisse pourrir la situation, ça va aller où? *(14 août)*

* * *

Une auditrice – *Ce matin, j'ai fait quelques démarches dans les départements des hôpitaux, en hématologie là, pour savoir de quelle façon on peut s'y prendre pour une vérification du sang, voir si on a du sang indien pis quel est notre pourcentage là. Monsieur Gros-Louis prétend qu'il a quoi lui de pourcentage de sang indien?*

Bédard – *Je sais pas. D'après moi il se pense Indien à cent pour cent lui.*

L'auditrice – *Oui mais il y a un moyen quand même. Je sais pas s'il y a des auditeurs, des médecins qui pourraient appeler là. On m'a donné Bien-être Santé Canada là, où on peut aller, comme pour les voyages là, des injections, les choses épidémiques là. [...] Je suis très sérieuse, moi. Si j'ai du sang indien, ben je vais faire mes réclamations moi [...]*

Bédard – *[...] Moi je suis pas contre les Indiens...Bon, il y a des Indiens qui occupaient le territoire au début de la colonie, parfait. Ces Indiens-là ont été brimés par les sociétés qui ont habité cette terre [...], parfait. Par contre, depuis 1950, pis 1940, dans ce coin-là, on a commencé à les respecter davantage, on a commencé à leur donner leurs droits, on leur a donné de l'argent, et on a racheté graduellement les injustices causées. Mais là, plus on leur en donne...*

L'auditrice – *Plus ils en demandent! Mais vous avez d'autres races là, les gitans, les bohémiens, les vikings, qui ont survécu sans demander la charité tout le temps comme ça...*

Bédard – *Ils oublient quelque chose; ils ont profité aussi de la société moderne. Si demain, moi je m'en vais voir les Indiens pis je leur dit: bon ben correct, on va vous respecter pis on va vous ramener dans votre territoire. On va ramasser les moto-neiges, on va ramasser les télés couleurs, on va ramasser la petite caisse de 24 [...]*

L'auditrice – *C'est ça. Ben oui, ils veulent vivre en pleine nature!*

Bédard – *C'est ça, vous voulez vivre en sauvage sans être intégré à la société québécoise. Ben on va vous organiser.*

L'auditrice – Ben oui, exactement. Mais moi j'aimerais ça savoir la méthode, on en a peut-être du sang indien. Il y en a eu des Hurons partout [...]

Bédard – On va regarder ça dans notre urine demain matin! Merci, bonjour. (16 août)

* * *

Madame, si on part sur un plan humain là. La première journée, le 11 juillet, il y a un policier de la Sûreté du Québec qui a été tué, correct [...] Un officier, un caporal de la Sûreté du Québec a été tué, un bon Québécois, [sur un ton insistant] un bon Québécois francophone, qui demeure même dans la région de Québec, [...] suite à cela, nos politiciens vont se mettre à genoux devant ces bandits-là? (17 août)

* * *

Tu nettoies le nid à merde; tu ramasses tout ce qui est là, tu tires, pis après ça on passera une «hose» de pompier pour laver ce qui reste. Correct, c'est rouge mais c'est pas grave... (21 août)

* * *

C'est quelques bandits qui, actuellement, ont mis à genoux le Québec alors que la grande majorité des Indiens ne font pas partie de ce complot-là et, faut pas oublier, quand on parle des Warriors, c'est des bandits qui viennent des États-Unis, qui viennent de l'Ontario [...] Je ne veux pas généraliser en fonction de la grande majorité des Indiens. (22 août)

* * *

Une auditrice – Je suis complètement dégoûtée de votre attitude. Vous n'êtes pas un animateur, vous êtes un agitateur!

Bédard – Tant mieux, madame. Si ça peut réveiller les gens, tant mieux, parce qu'on dort au gaz!

115

[...]

L'auditrice *– [...] dans un autre pays, vous vous retrouveriez derrière les barreaux.*

Bédard *– C'est ce pourquoi je parle comme ça, c'est pour préserver la démocratie, le droit de parole et de dire à qui de droit ce qu'on a à dire comme société. (23 août)*

■ *Champagne pour tout le monde,* **CJMT, Chicoutimi (LOUIS CHAMPAGNE)**

Après un commentaire sur des manoeuvres de la Sûreté du Québec qui a refoulé des manifestants en usant de matraques:

Une auditrice *– Le premier qui aurait fallu qu'il ait un coup de bâton, ça aurait été Bourassa! C'est d'envoyer l'armée le plus tôt possible parce qu'ils vont être obligés de l'envoyer pareil. C'est lui qui aurait fallu avoir le coup de bâton, pis il l'a pas eu!*

Champagne *– Vous trouvez que Bourassa, en ce moment...*

L'auditrice *– Ben, écoute, y a les deux doigts dans le nez, pis à part de ça, je te l'ai dit hier, y est même pas bon pour faire un épouvantail pour les corneilles dans le champ!*

Champagne *– [rires] (14 août)*

* * *

Il va falloir qu'il y ait une enquête dans ce dossier là. D'abord, le silence des politiciens. D'abord, Gil Rémillard, qu'est-ce qu'il fait? Le premier ministre qui est le chef des forces en ce moment, où est-il? Que va-t-il dire? Pis finalement ben, moi je vous dirais ben franchement que les agents qui ont frappé, moi je veux ben croire que ça fait trente-cinq jours, pis qu'ils sont fatigués, mais les gens de Châteauguay pis les gens qui sont là à Oka, il me semble qu'il y avait un mot d'ordre suite à la première erreur contre les Warriors, c'était tolérance. On a donné le mot d'ordre aux policiers de ne pas tirer sur les Warriors, pourquoi on n'était pas capable de donner le mot d'ordre de ne pas frapper sur les manifestants? *(14 août)*

* * *

Si on avait plus de noirs ici, je me demande si franchement on serait pas plus méchant que les autres pis qu'on les tasserait pas. On connaît pas ça le racisme, on n'en a pas de noirs. *(20 août)*

* * *

Ils négocient à leur rythme, quand ils veulent bien, quand ils n'ont pas faim, quand ils n'ont pas soif, quand il fait pas beau, à l'heure qu'ils veulent [...] Mais on est donc bien des «gentils-Québécois-à-tendance-tetonne!» [...] On accepte ça pis on dit pas un mot! *(21 août)*

* * *

On négocie des cigarettes, Elkas nous dit que le Québec s'est fait avoir, l'armée est aux barricades, et cette bande d'enfants de Cheyennes nous rit dans la face – «on a des droits ancestraux»! *(21 août)*

* * *

Fondamentalement, ils voudraient changer la couleur des cartes [de bingo]. C'est parce qu'il y a rouge... pis là ils [les Mohawks] disent «peau rouge», vous avez assez ri de nous-autres. Pis là bon, on leur a donné la permission de bleu, mais là le Parti libéral qui est au pouvoir est choqué un peu, il voudrait peut-être du jaune... jaune ça fait peureux, alors on s'entend pas. Et le jeton du milieu, on voudrait qu'il y ait une face de sauvage dedans... *(22 août)*

* * *

Je pense qu'au lieu de se faire mettre les épaules au plancher au compte de trois, je pense qu'on devrait crier «shut». On devrait tous ensemble leur remettre nos maisons, nos voitures – garder les termes cependant, par esprit de générosité – leur remettre tout ce qu'on a. Je pense qu'on en est rendu là, et crier «shut». [...]

Il y a quelqu'un qui m'a fait part de cette suggestion-là. C'est qu'à chaque jour que se continue la crise à Oka on devrait diminuer de 1 % le budget du ministère des Affaires indiennes à Ottawa. Je serais curieux de savoir si ça va durer encore cent jours. (22 août)

* * *

Hier, je n'étais pas fier d'être Québécois [...] Tirer des roches à des personnes âgées, à des enfants [...] Y en auraient blessé un, ça aurait été beau. Tout un acte de bravoure!... (29 août)

■ *Midi dix*, **Radio-Canada, Montréal (MICHEL LACOMBE)**

Un auditeur – *Les Mohawks sont sur la défensive. Ils ont simplement défini un territoire et ils en interdisent l'accès en vertu d'une souveraineté...*

Lacombe – *Oui, mais on ne peut pas non plus faire l'autruche et ignorer les trafics de cigarettes et d'autres choses et les bingos, et tout ça, qui sont défendus par les Warriors (27 août)*

* * *

Un auditeur – *J'ai peur de l'intervention de l'armée. On peut penser que l'armée pourrait tirer sur des femmes et des enfants. Ça, il y a de quoi nous effrayer...*

Lacombe – *Vous dites on peut penser que l'armée pourrait... Vous voulez dire quoi?*

118

L'auditeur – Je pense que... il y a des femmes et des enfants qui sont sur les territoires visés... Y a toujours la perspective que l'armée, si elle doit utiliser la force, elle l'utilisera et dans la mesure du nécessaire selon la demande gouvernementale, et ça, ça m'apparaît extrêmement dangereux. Et d'autre part...

Lacombe – Vous n'êtes pas en train de suggérer que l'armée va tirer volontairement sur des femmes et des enfants?

L'auditeur – Ben c'est-à-dire volontairement, non, parce que ça fonctionne avec les ordres du gouvernement, sous les ordres du gouvernement hein, sous la demande du gouvernement, sauf que...

Lacombe – Enfin, monsieur Boucher, vous me dites que vous vous attendez à un affrontement armé et vous avez très peur de ça, et on ne peut pas calculer les conséquences, ça pourrait aller jusque là, c'est ce que vous me dites?

* * *

Un auditeur – Je vois des gens de l'extérieur, monsieur Cohen, pour nommer celui-là, des avocats américains qui sont négociateurs pour les Mohawks, ces gens-là, ce sont des gens souvent qui négocient pour la pègre américaine. Pis, moi j'ai l'impression que le peuple mohawk...

Lacombe – Euh, oui, enfin, monsieur, je ne sais pas où vous prenez vos informations sur monsieur Cohen là, euh...

L'auditeur – Pas monsieur Cohen nécessairement, mais tous ceux qui font des négociations actuellement avec les Mohawks, souvent, ce sont des gens qui viennent de l'extérieur, américains spécialement. Ces gens-là négocient souvent pour la pègre américaine...

Lacombe – On a dit qu'il y avait deux avocats qui étaient présents constamment avec les mohawks, monsieur [inaudible] et monsieur Cohen, qu'on a vu apparaître la première fois dans ces dossiers-là lors de l'affrontement sanglant de Wounded Knee et c'est des gens qui ont une vision très particulière

119

des revendications territoriales des Mohawks partout en Amérique. Effectivement, c'est un problème très large (27 août).

* * *

Un auditeur – *L'opinion et l'attitude des Warriors m'inquiètent énormément. Ils ont déjà juré, par des témoignages à la radio et à la télé qu'ils utiliseraient les armes si l'armée décide d'avancer et ça me fait énormément peur. Et moi, comme citoyen, je me dis: qu'est-ce que je peux faire aujourd'hui, quel téléphone est-ce que je peux emprunter pour parler à qui, au gouvernement, pour inviter le gouvernement à retourner à la table de négociation avec les Mohawks? Et là j'ai plus de réponses. Je me sens acculé au mur, je ne sais plus où aller. Il y a tellement de mes amis qui se posent la même question...*

Lacombe – *Tout ce que je peux vous dire, monsieur Côté, c'est que vous pouvez être sûr qu'avec le téléphone que vous avez actuellement entre les mains en ce moment, le gouvernement vous écoute (28 août).*

Le participant à une tribune téléphonique: aux antipodes de la source journalistique

Jacques de Guise

Du point de vue de la théorie de la communication, la tribune téléphonique se caractérise par la place qu'elle donne à une source tout à fait particulière de communication soit une personne du grand public. Nous entendons ici par source le communicateur ou la personne qui est directement impliquée dans la relation de communication. Cette «source» est différente de la source journalistique, qui est la personne d'où origine l'information que communique le journaliste. Chez les théoriciens de la persuasion, la source (le communicateur) d'une communication de masse est une personne sélectionnée avec soin pour sa compétence, ses qualités personnelles ou son statut social particulier. Contrairement à ce que l'on trouve normalement dans une communication persuasive bien planifiée, la tribune téléphonique présente comme source une personne dont on n'attend aucune qualification et qui, sans aucune préparation particulière, doit fournir une performance médiatique en direct. C'est sur ce constat fondamental que se fonde notre analyse.

Nous allons analyser – vous l'aurez déjà deviné – la tribune téléphonique en considérant l'intervenant, l'individu du public qui participe à l'émission. Nous allons d'abord présenter brièvement les éléments théoriques que propose Kelman (1958, 1961, 1968), un auteur classique en

121

communication de masse, sur la théorie de la source. En second lieu, nous proposerons les observations et les réflexions que nous suggère l'examen de la tribune téléphonique à la lumière de ce cadre d'analyse.

CRÉDIBILITÉ, POUVOIR, ATTRAIT

En faisant l'analyse de la communication persuasive, Kelman distinguait trois types de sources de message susceptibles d'influencer de façon particulière le récepteur. Le premier est la source possédant une bonne crédibilité. Le récepteur accepte mieux le message d'une telle source parce qu'il la croit capable de dire la vérité (aspect compétence) et lui attribue également l'intention de le faire (aspect honnêteté). Dans ce type de situation, le récepteur adhère au message parce qu'il le croit conforme à la vérité à cause des qualifications supérieures de la source.

Un deuxième type de communicateur est la personne qui détient l'autorité, c'est-à-dire celle qui est capable de donner des récompenses ou d'imposer des sanctions. Ici, l'acceptation du message n'a rien à voir avec son contenu: l'individu récepteur adhère à ce qu'on lui dit plutôt par «obéissance», c'est-à-dire pour obtenir une récompense ou pour éviter une sanction venant de la source.

On peut enfin se laisser persuader par une source attrayante, par une source qui plaît à cause de ses qualités physiques, intellectuelles ou humaines supérieures. Ici encore, l'acceptation relève de facteurs tout à fait extrinsèques au contenu: l'individu n'accepte pas ce qu'on lui propose parce qu'il le croit vrai, mais pour faire plaisir à la source, pour établir ou maintenir avec elle une relation (réelle ou imaginaire) gratifiante.

Les propos de Kelman ont fait autorité pendant longtemps. Ils ne sont plus retenus aujourd'hui pour expliquer les mécanismes de persuasion, mais les trois types de sources de communication que cet auteur a identifiés correspondent encore à la réalité. Ce qui caractérise le participant à une tribune téléphonique, c'est qu'il n'appartient à aucun de ces types. Il est par définition un individu qui intervient dans la communication publique sans avoir les justifications traditionnellement requises, sans posséder de qualifications particulières. La tribune téléphonique met en scène un personnage qui n'a a priori aucune raison sérieuse de s'adresser à l'ensemble de la communauté: sa crédibilité n'est pas assurée, il ne détient aucune autorité et, enfin, il n'a aucun attrait ou charme particulier reconnu par le public radiophonique.

L'AUTORITÉ, L'EXPERT, LA VEDETTE ET FINALEMENT... LE CITOYEN

Les trois types de sources que décrit Kelman correspondent à trois types de personnages particulièrement importants dans la société si on considère celle-ci du point de vue de la communication publique : l'expert, l'autorité et la vedette qui ont traditionnellement le privilège de s'adresser à l'ensemble de la communauté. On peut, à partir de ces catégories, tracer un portrait sommaire des figures d'autorité publiques qui oeuvrent dans une société. Il y a d'abord les détenteurs officiels de pouvoir. Longtemps, ils furent les seuls en mesure de s'adresser à l'ensemble du groupe social. Ce furent d'abord les détenteurs de pouvoir politique : pendant des siècles, ceux qui étaient dépositaires de l'ordre public se sont arrogé le droit de définir la réalité sociale et partant se sont octroyé le monopole de la communication publique. Les chefs politiques ou leurs représentants à tous les niveaux incarnaient le corps social et se donnaient la responsabilité de définir et de maintenir les valeurs, les normes, les attitudes et d'assurer la conformité des comportements.

On peut inclure dans cette catégorie de figures d'autorité les représentants des diverses institutions, en particulier ceux des institutions religieuses. Ces personnages étaient presque toujours de connivence avec les chefs politiques. Cela n'empêchait certes pas d'autres personnes de parler au public, mais leurs interventions étaient exceptionnelles et toujours soumises à l'Autorité de sorte que seuls les réels détenteurs de pouvoir (politique ou religieux) pouvaient définir publiquement la réalité sociale.

L'avènement des premiers médias a ouvert une brèche dans ce monopole. Gutenberg, en imprimant la Bible, donnait aussi une voix publique aux philosophes, aux dramaturges, aux hommes de science et plus tard aux littérateurs de toutes sortes. Ce ne fut pas de gaieté de coeur que l'Autorité accepta de partager son pouvoir. La publication des premiers livres a été étroitement surveillée. De toute façon, leur contenu était le plus souvent rébarbatif pour la majorité des membres de la société; de plus, les premiers livres étaient publiés en latin et n'étaient directement accessibles qu'à une élite de fins lettrés éduqués dans l'orthodoxie religieuse et politique.

Aux États-Unis, il faut attendre la fin du XVIIIe siècle pour qu'apparaissent les premiers journaux quotidiens jouissant d'une pleine liberté d'expression. Graduellement, le journaliste apparaît alors lui aussi comme une figure d'autorité à cause de la connaissance qu'il a des faits divers, mais surtout des événements politiques qu'il étudie de près et rapporte quotidiennement. Très rapidement, il ose mettre en doute les idées officiellement reçues. Son succès dépend d'ailleurs pour une bonne part de son audace et des critiques et suggestions qu'il fait aux gouvernants.

Avec la multiplication des livres, les connaissances se transmettent de façon beaucoup plus précise et progressent rapidement. L'ensemble des connaissances, qui constituaient traditionnellement une unité, se fragmente peu à peu encourageant l'apparition de celui qui a une connaissance approfondie d'un domaine particulier sans avoir forcément de compétence dans les autres domaines: l'expert. Avec le développement des médias, l'expert devient peu à peu une source précieuse d'informations pour le journaliste et finalement une figure d'autorité médiatique à laquelle on fait appel couramment pour «remettre les pendules à l'heure» ou pour porter un jugement compétent sur les questions difficiles. Aujourd'hui, en particulier dans les médias électroniques, l'expert est devenu un collaborateur indispensable du journaliste et, à cause du prestige de la science, il jouit d'une liberté d'expression quasi totale, du moins dans les sociétés libérales.

Si l'expert tire son statut de communicateur de son savoir supérieur, l'artiste et la vedette acquièrent le privilège de s'adresser aux citoyens à cause de la maîtrise qu'ils ont des médias et de la forme du message. Qu'ils soient poètes, écrivains, chanteurs, acteurs de cinéma ou artistes de «variétés», ils ont accès aux médias essentiellement parce qu'ils plaisent à une grande partie du public, pour le plaisir qu'ils apportent à la communauté. Ils n'ont aucun rôle social officiel à jouer, aucune institution à incarner et donc aucune «compétence sociale» formelle, ils jouissent donc d'une liberté accrue. Créatifs et souvent marginaux, ils incarnent volontiers des valeurs nouvelles et sont donc eux aussi entrés très tôt en conflit avec les autorités politiques et religieuses, gardiennes traditionnelles de l'ordre public et de la morale.

On peut inclure dans cette catégorie de source attrayante le professionnel des médias électroniques. Ne serait-ce que pour des raisons d'efficacité, il est important que les animateurs et les présentateurs aient des qualités de communicateur hors du commun: la tonalité de la voix, la facilité d'élocution, la clarté d'expression et, dans certains cas, l'apparence physique sont les critères courants par lesquels ces professionnels sont sélectionnés. Comme, dans les sociétés libérales, les médias sont généralement en concurrence, ces qualités du communicateur font souvent la différence entre les émissions qui ont du succès et les autres, de sorte que les communicateurs des médias modernes se définissent volontiers comme de véritables artistes.

Aujourd'hui, en se donnant des objectifs de divertissement, les médias électroniques font une place prépondérante aux vedettes de toutes sortes. Celles-ci oeuvrent certes surtout dans le domaine de l'imaginaire, mais leurs messages portent aussi sur les sujets les plus divers. Ces stars constituent ce qu'Alberoni (1962) a appelé une «élite sans pouvoir». Sans pouvoir, parce qu'elles ne sont pas investies d'autorité officielle; élite, parce qu'elles ne sont pas pour autant sans influence, car les qualités qu'elles possèdent leur valent une vénération qui leur donne un statut de leader dans certains cas très puissant.

Les participants de tribune téléphonique se situent à la suite de l'autorité de l'expert et de la vedette, mais avec encore moins de pouvoir ou de potentiel d'influence. Invités à s'exprimer en tant que citoyens ordinaires, on n'attend d'eux ni autorité, ni compétence particulière, ni talent pouvant susciter l'admiration. Même s'ils avaient quelques mérites plus grands que le commun des mortels, leur passage dans les médias est trop fugace pour leur assurer quelque notoriété que ce soit. Ils sont eux aussi sans pouvoir, mais ils n'ont rien en commun avec l'élite de sorte que leurs propos n'ont pas de «valeur ajoutée» (ajoutée par le communicateur) et sont interprétés strictement pour ce qu'ils sont par eux-mêmes.

Vue dans cette perspective, la tribune téléphonique constitue l'exercice par excellence de la démocratie. Non seulement son existence peut contester l'autorité politique, mais elle peut attaquer aussi l'autorité scientifique et l'«autorité artistique». La tribune téléphonique donne la parole au «non-autorisé» sous toutes ses formes. Le spectacle qu'elle offre est un antispectacle, car il consiste à mettre à l'avant-scène des personnes qui ne sont d'aucune façon des leaders au plan collectif et qui n'ont, le plus souvent, aucune qualification pour l'être.

N'ayant pas de contrainte particulière à respecter et n'ayant rien à perdre, le participant d'une tribune téléphonique jouit d'une liberté presque absolue. C'est pour cela que ce spectacle de tribune téléphonique est si dangereux. Les premières «lignes ouvertes» étaient désignées par l'expression anglaise *hot line*: la ligne était «chaude» en ce que l'animateur était constamment menacé de recevoir les propos les plus inattendus, les plus excessifs ou même les plus déplacés et cela, en direct. La tribune téléphonique était «chaude» aussi parce que l'animateur devait à la fois stimuler les intervenants et, aussitôt qu'ils avaient la parole, les contrôler, les tempérer et au besoin, les neutraliser. L'émission était «chaude» parce qu'elle véhiculait de l'improvisation pure en faisant appel à des gens qui, de façon générale, n'avaient pas la formation intellectuelle ou artistique pour parler sans préparation immédiate. C'est toujours dans le risque que présente une telle situation que réside pour une bonne part le spectacle.

UNE ANTISTAR POUR UN SPECTACLE ANTI-ARTISTIQUE

La tribune téléphonique a précisément pour caractère spécifique de faire intervenir à côté de l'autorité, de l'expert et de la vedette, des personnes du commun qui ne possèdent aucun statut particulier ni évidemment les qualifications que l'on exige normalement du communicateur professionnel. C'est précisément cette absence de qualités dans la forme et le fond qui fait le spectacle. La tribune téléphonique est le spectacle des antistars, le spectacle du trivial et du banal, le spectacle de l'amateurisme.

La forme du message

La première façon pour l'intervenant d'être une antivedette se manifeste dans la forme du message. La tribune téléphonique est essentiellement un spectacle radiophonique. Du point de vue de la forme, la source d'une communication radiophonique est normalement un ou une professionnelle dont la voix plaît par son timbre et sa sonorité, qui peut s'exprimer avec facilité, sans bafouiller, sans hésiter, en faisant des phrases cohérentes et correctes ou même élégantes. Cette source est également capable de contrôler ses émotions, de maîtriser la panique et le trac et surtout de ne pas dire n'importe quoi pour meubler un silence qui, à la radio, devient très rapidement intolérable.

Le participant d'une tribune téléphonique ne possède, généralement, aucune de ces qualités, ou, s'il les possède, il ne les a pas nécessairement cultivées ou exercées. Cela ne veut pas dire qu'il est totalement démuni, nasillard, bègue ou incapable de contrôler le stress de la situation. En fait, celui qui téléphone à une tribune téléphonique le fait volontairement, en étant tout à fait conscient de ses limites ou de son incapacité, mais en espérant évidemment être d'une façon minimale à la hauteur de la situation. C'est le caractère minimal de ces qualifications qui va faire la valeur du spectacle. C'est le non-professionnalisme de la performance du participant, ses gaucheries, ses hésitations, ses tremblements de voix qui feront l'émission pittoresque et spectaculaire. À cause de ces déficiences, la qualité première que l'on reconnaît au participant est sans doute son audace et son cran à venir ainsi jouer au professionnel et à s'exposer au ridicule de la population. L'animateur pourra éventuellement tirer parti de cette infériorité si le participant lui déplaît pour une raison quelconque.

Un deuxième aspect de la forme entre aussi en ligne de compte: la correction du langage. Le participant de tribune téléphonique ne connaît pas forcément sur le bout de ses doigts les règles de la grammaire ni celles de la phonétique. Il commettra des fautes de langage qui trahiront son statut de citoyen ordinaire. Le participant s'exprime spontanément, souvent gauchement. Il manie souvent mal l'abstraction et utilise des mots concrets, il parle par image, en phrases simples, sans trop se soucier du mot juste. Il ne finit pas toujours ses phrases en espérant tout de même que tous comprendront facilement non pas tellement ce qu'il dit vraiment, mais ce qu'il essaie de dire, car il dit ce que plusieurs pensent ou ressentent déjà. Ce niveau de langage est par lui-même un spectacle parce qu'il se démarque du langage officiel de l'autorité «compétente», de l'artiste ou de l'expert qu'on est habitué d'entendre.

Pour éviter que son intervention ne soit trop différente de celle que l'on entend normalement sur les ondes publiques, le participant pourra la préparer soigneusement en écrivant ce qu'il veut dire et sa prestation prendra alors la forme d'une lecture plus ou moins laborieuse, plus ou moins rapidement interrompue par l'animateur aussitôt que celui-ci sera en désaccord sur un point ou voudra des précisions sur un autre. Il arrive alors que l'intervenant, absorbé par sa tâche, continue sa lecture comme s'il n'avait rien entendu et pendant une courte période, les deux protagonistes parleront ensemble dans une cacophonie incompréhensible. Dans ce cas, c'est ordinairement le plus têtu des deux qui gagne le duel. Si l'intervenant décide d'interrompre son texte pour essayer de poursuivre un vrai dialogue, sa performance devient alors nettement inférieure à sa lecture et comme s'il était soudainement pris en faute, il perd ses moyens et le spectacle n'en est que meilleur.

UN NON-EXPERT POUR LE SPECTACLE DU BANAL

En psycholinguistique, B. Bernstein (1977) décrit deux styles de langage qu'il appelle le code restreint et le code élaboré. L'utilisateur du code «restreint» se sert d'un langage concret, centré sur sa propre personne. Ce langage est direct en ce qu'il est fortement influencé par la situation immédiate; il manque de nuance et véhicule beaucoup d'émotions. Le code «élaboré» au contraire est plus abstrait, il véhicule des nuances parfois subtiles et au lieu d'être ancré dans le présent, il réfère à une situation plus générale. Les gens des couches sociales moins favorisées ont tendance à utiliser le code «restreint» et ceux des classes aisées – et les professionnels de la communication – le code «élaboré». Ainsi, nous disent Michener et ses collègues (1990), quand on demande aux personnes moins scolarisées de décrire une tempête, elles le font en racontant ce qu'elles voient de leurs propres yeux, en décrivant ce qui leur arrive à elles; il est rare qu'elles nuancent leurs propos ou qu'elles proposent une vision abstraite et générale. On peut s'inspirer au moins partiellement de ces idées de la psycholinguistique pour analyser la performance du participant de tribune téléphonique.

L'expression du vécu

La tribune téléphonique se caractérise par l'expression du vécu et non par l'analyse intellectuelle abstraite. Ce qu'elle cherche, ce sont des faits, des cas, des témoignages, non des analyses. Si l'on fait une émission sur les prisons, ce sont les prisonniers, les policiers ou les gardiens de prison qui seront tentés de téléphoner; ce sont leurs témoignages qui seront les plus précieux. Le meilleur participant à une tribune téléphonique n'est pas celui qui est le plus connaissant, mais celui qui est le plus impliqué, le plus directement touché... et dans plusieurs cas, évidemment, le moins objectif. Le participant n'a pas de distance par rapport aux événements: ce n'est pas un analyste, mais un témoin. Souvent la motivation qui le pousse à intervenir est justement de protester contre l'«ignorance» des experts ou des commentateurs qui perçoivent l'événement de haut, à travers le prisme d'une idéologie ou d'un appareillage théorique, mais qui ne vivent pas réellement l'événement. La tribune téléphonique n'apporte pas alors d'interprétation: les interventions sont plutôt des éléments à partir desquels on pourra faire l'interprétation.

En conséquence le point de vue qu'on y défend est personnel et non social. Ce sont les analystes invités qui ont la charge de faire valoir le point de vue de la collectivité, non les intervenants pris au hasard. Ce que l'on demande à ces derniers, c'est d'exprimer leur point de vue à eux, non de faire une analyse objective. Ainsi, dans les émissions sur les événements de la crise amérindienne de l'été 1990, ce sont les résidants mêmes d'Oka qui étaient les plus intéressants, les plus recherchés et leurs propos, le plus souvent, plaidaient évidemment pour leur propre cause: faire appel à la force et l'utiliser pour dénouer la crise, sans trop considérer les conséquences pour la collectivité québécoise. Si quelqu'Indien a pu intervenir, ce fut pour faire valoir le point de vue contraire, la position personnelle subjective opposée, ce qui excite certains auditeurs et les incite à venir ajouter leur opinion à celle de leur groupe, si possible en termes plus directs, avec plus de détermination. Certes, on ne demande pas au participant d'être malhonnête mais on n'exige pas non plus qu'il soit impartial et honnête; on s'attend à ce qu'il défende ses intérêts. Si l'ensemble de l'émission finit par avoir une certaine objectivité, ce n'est pas parce que les intervenants sont objectifs et pondérés, mais plutôt parce que les subjectivités, si elles sont prises au hasard, finissent par s'annuler. Mais les tribunes téléphoniques ne sont pas toujours faites au hasard; c'est pour cela qu'en s'organisant de façon minimale, on peut en fausser le «résultat».

L'expression du résultat des tentatives d'influence

Le participant de tribune téléphonique se distingue surtout par le peu d'information nouvelle qu'il apporte. Le représentant de l'autorité défend, en théorie du moins, un principe, une règle de conduite; il agit pour le bien de l'institution dans laquelle il travaille et indirectement pour le bien public. L'expert, lui, réfère à des connaissances objectives et cherche à fournir des informations que l'on n'a pas: quels sont les enjeux réels de la question, quelles sont les connaissances récentes sur le sujet, quel est le point de vue qui doit prévaloir. Le participant de la tribune téléphonique n'a pas, lui, à se soucier de principes ou de connaissances objectives. Ce qu'on lui demande, ce n'est pas de jouer à l'analyste compétent, mais d'exprimer ce qu'il sait sans se soucier de compétence théorique.

Certes, souvent, l'intervenant essaie lui aussi de jouer à l'expert et dans certains cas, son intervention peut être fort valable, mais ce n'est pas cela que l'on attend de lui. Quand il propose des idées, il le fait «gratuitement»: on ne lui demande pas de les appuyer sur des faits ou sur des témoignages autorisés. L'intervenant agit sans la responsabilité de celui qui a vraiment la connaissance, comme il le fait dans un salon de coiffure. Il ne court pas le moindre risque: si ses propos sont valables, c'est tout à son honneur; s'ils sont insignifiants, ils ne le sont pas plus que ceux de bien d'autres participants, et, de toute façon, en faisant appel au grand public, c'est à ce genre de propos qu'on veut se voir exposer. Même si on le tournait en ridicule, comme le participant n'a généralement pas de notoriété ni d'honneur autre que personnel à défendre, son ridicule serait minime parce qu'anonyme. En ce sens, la tribune téléphonique véhicule véritablement la «culture de masse» en son sens qualitatif et en opposition avec la culture des experts, c'est-à-dire la culture de ceux qui ne savent pas et qui ne prétendent même pas savoir.

En conséquence, la tribune téléphonique ne cherche pas tellement à changer l'opinion publique qu'à lui permettre de s'exprimer. Il en est des tribunes téléphoniques comme des sondages: ils n'apportent pas d'éléments au débat, mais en sont plutôt le résultat. À la limite, la tribune prendra d'ailleurs explicitement la forme d'un sondage: ce qu'on demandera au participant, ce sera alors uniquement l'expression de sa position, parfois même dans des catégories de réponse préformulées, sans se soucier des éléments sur lesquels elle se fonde et qui pourraient influencer les autres. C'est sans doute la principale raison pour laquelle, contrairement à l'expert qui est souvent rémunéré en retour d'un témoignage, le participant ne reçoit, il va sans dire, aucun cachet. Non seulement il n'est pas payé pour intervenir mais, vu que sa contribution n'a pratiquement pas de valeur autre que personnelle, c'est en quelque sorte une faveur qu'on lui fait que de lui offrir les ondes gratuitement (bien que d'un autre point de vue, on ait besoin des appels des auditeurs et qu'on les sollicite continuellement). C'est en bonne partie pour exprimer cette gratitude que la plupart des participants de tribune téléphonique commencent par féliciter l'animateur qui leur donne l'occasion de s'exprimer sur les ondes, ce que ne font jamais évidemment les experts et les détenteurs d'autorité qui sont les invités formels de l'émission.

UN EFFET CATHARTIQUE DE «VENGEANCE» SOCIALE

La tribune téléphonique peut aussi être l'occasion d'une «vengeance sociale» des petits, qui ne sont jamais invités à prendre la parole comme analystes, contre les intellectuels, les experts ou les représentants de l'autorité. Car ce sont toujours les privilégiés de la société qui sont invités à commenter les événements, à proposer leur structuration de la réalité sociale et ces personnes ignorent souvent le vécu des gens directement impliqués, ce qui peut être source de frustration. On a tous vécu tôt ou tard cette frustration d'être dans une situation «interprétée» par les autres... La tribune permet ce défoulement, cette revanche de l'expérience vécue sur les grands concepts abstraits, de l'expression de l'émotion sur l'expression de la rationalité froide de l'analyste et de ses schèmes de référence abstraits.

Vue de cette façon, la tribune téléphonique est un instrument précieux d'exercice d'un aspect de la démocratie. Les intellectuels ont toujours la manie de compliquer les choses, de défendre des solutions difficiles à accepter. Ils sont capables de justifier les hausses d'impôt, les fermetures d'usine, les sacrifices de toutes sortes. Dans l'épisode des Indiens d'Oka, ce sont eux qui sont venus dire qu'il fallait comprendre la frustration des autochtones, que toute la collectivité était coupable de génocide, qu'il fallait éviter d'utiliser la force, tout cela alors que des centaines de personnes avaient dû fuir leur maison et voyaient décroître la valeur de leur propriété. La tribune a été un exutoire magnifique pour «engueuler» les politiciens et tous ces experts précautionneux qui, au nom d'idéaux abstraits, semblaient se ficher pas mal des petites gens aux prises avec la dure réalité.

La tribune téléphonique peut avoir un effet cathartique. Certes peu d'intervenants acquièrent la certitude d'avoir fait changer les choses, mais leur participation peut leur donner l'illusion qu'ils ont fait honnêtement leur part ou que, si tout le monde avait fait comme eux, les choses auraient pris une autre tournure. Cet effet de soulagement peut se retrouver au plan collectif: on peut en effet être réconforté par l'idée que notre société permet aux citoyens les plus démunis de s'exprimer comme ils veulent sur tous les sujets d'opinion publique.

Tous ces caractères, qui devraient normalement disqualifier un professionnel de la communication ou un expert, sont ici partie intégrante du spectacle sonore. Non seulement ils ne discréditent pas le participant, mais ils authentifient en quelque sorte son témoignage. La tribune téléphonique est essentiellement le spectacle d'une communication de masse spontanée et naïve. C'est cette naïveté dans la forme et dans le fond qui est susceptible de susciter l'identification de l'auditeur et de produire un certain impact. Dès lors que l'intervenant paraît authentique et semble dire réellement ce qu'il vit, il se crée entre lui et le public un courant de sympathie naturelle, celle que l'on ressent pour la personne qui nous ressemble, celle que l'on éprouve pour le plus faible d'un combat inégal. Si de surcroît, le naïf en venait à faire douter de la valeur des analyses savantes de l'expert ou de l'autorité, le spectacle en serait évidemment encore mieux réussi.

UN PIÉDESTAL POUR L'ANIMATEUR?

C'est évidemment le devoir de l'animateur d'atténuer les lacunes du participant. Certes, il ne peut avoir beaucoup d'influence sur la forme du message, mais il peut en faciliter l'expression du contenu. Son premier devoir est évidemment de mettre son interlocuteur à l'aise, de façon à ce que le contact avec le médium ne devienne pas une expérience trop pénible. C'est aussi à lui d'atténuer les éventuels excès de langage, de demander des précisions, de modérer les ardeurs ou d'ajouter aux affirmations à l'emporte-pièce les nuances nécessaires. Force nous est de reconnaître qu'il n'en est pas toujours ainsi. L'animateur résiste mal à la tentation de jouer lui aussi à l'auditeur moyen, d'utiliser, pour plaire à son public, le même langage vernaculaire direct et, si les interventions vont dans la direction de son préjugé, de leur ajouter des adverbes ou des épithètes qui les rendent plus générales et plus péremptoires.

En pratique, l'animateur paraît croire à la force des opinions qui sont émises pour influencer l'ensemble de la collectivité. Très souvent, son émission lui fournit l'occasion de faire passer ses idées personnelles. Il ne pose pas toujours le problème en toute objectivité. Alors qu'on pourrait s'attendre à ce qu'il s'efface devant les opinions de ses interlocuteurs, l'animateur profite plutôt de l'occasion pour dire à tous ce qu'il pense personnellement. Il se laisse volontiers emporter par le ton et les propos de ses interlocuteurs et souvent discute avec eux en adoptant le même niveau de langage. Tout cela ajoute évidemment de la valeur au spectacle. Dans certains cas extrêmes, comme dans celui d'André Arthur, l'audace de l'animateur, le ton pamphlétaire de ses propos, la qualité de ses épithètes ou la façon cavalière de s'adresser aux personnalités qu'il attaque constituent un spectacle unique: ce ne sont pas ici les intervenants qui sont intéressants, mais le caractère excessif des commentaires qu'ils suscitent.

LA DÉMOCRATIE INCOMPÉTENTE

Il y a plusieurs catégories d'émissions de tribunes téléphoniques et il est difficile de les décrire toutes, sans faire de distinction entre elles. La tribune idéale nous paraît être celle qui donne la parole aux citoyens pour leur permettre d'exprimer leurs idées en faisant valoir divers points de vue qui ne sont pas forcément pris en considération par les commentateurs habituels. Les tribunes de Radio-Canada sont, par l'honnêteté, la compétence et le professionnalisme de l'animateur, mais aussi par la qualité des interventions, celles qui se rapprochent le plus de cet idéal. À l'autre extrême, d'autres émissions n'ont pas tellement pour objectif de permettre une discussion plus élargie sur une question, mais bien d'attirer le maximum d'auditeurs en insistant sur les aspects spectaculaires des positions de l'animateur ou sur le pittoresque des interventions des citoyens. Nous devons reconnaître que ce dernier type est celui que favorisent les règles de la radio commerciale canadienne et qu'il est de loin le plus courant. C'est ce type d'émissions qui a inspiré l'analyse que nous proposons. C'est sans doute pour cela que la description peut paraître négative.

Cela ne signifie pas que les tribunes téléphoniques n'apportent rien à la collectivité. Au contraire, elles sont écoutées par un nombre très important d'auditeurs, répondent présumément à un certain besoin et procurent une gratification certaine: manifestement les gens y trouvent un certain plaisir; ils ne sont pas entièrement satisfaits des informations qu'ils reçoivent et recherchent aussi des informations moins autoritaires, moins savantes et mieux adaptées à leur situation concrète.

Il est difficile de ne pas voir dans la tribune téléphonique un phénomène de démocratie profonde. Le jumelage du téléphone avec la radio permet en effet à l'auditeur moyen de concurrencer le processus même de sélection des figures d'autorité médiatiques. Le fait d'être reconnu par les médias, affirmaient Lazarsfeld et Merton (1960), atteste qu'une personne est suffisamment importante pour que ses opinions méritent l'attention du grand public. À côté de la réussite professionnelle ou académique qui a fait l'expert, à côté de la réussite politique qui donne l'autorité, les médias ont suscité l'avènement de vedettes comme nouveaux types de leaders. C'est une inversion du processus: la vedette ne parle pas à la communauté parce qu'elle est compétente, mais elle est présumée compétente parce qu'elle parle à la collectivité. Avec les lignes ouvertes, ce processus est poussé à son paroxysme puisque l'auditeur moyen n'a même plus le prétexte d'être bon communicateur pour accéder au rôle de définisseur de la réalité. C'est l'égalitarisme poussé à l'extrême. Par la tribune téléphonique, le leadership est exercé par des égaux et chacun peut y accéder momentanément, à tour de rôle. C'est le paroxysme de la démocratie, mais c'est une démocratie incompétente.

Le cadre réglementaire
des tribunes téléphoniques

Pierre Trudel

Les tribunes téléphoniques apparaissent, avec les émissions de télévision de style «studio ouvert», comme le principal vecteur de l'accès du public aux forums publics que constituent aujourd'hui la radio et la télévision. Comme on a pu le constater à la lecture de cet ouvrage, c'est d'un accès contrôlé qu'il s'agit. Ceux qui, au nom de diverses motivations, décident d'y prendre part sont encadrés dans un déroulement réglé en fonction des impératifs qui tiennent souvent bien plus des nécessités du spectacle que du souci d'informer le public.

Pourtant, ce sont les inquiétudes autour de la qualité des informations diffusées au public à l'occasion des émissions de tribunes téléphoniques qui soulèvent traditionnellement le plus de préoccupations. Il y a un hiatus fondamental entre les finalités préconisées par le cadre réglementaire mis en place pour ce type d'émissions et les impératifs des diffuseurs pour qui ces émissions se présentent souvent comme des spectacles radiophoniques au cours desquels les tensions qui se manifestent dans la société doivent pouvoir être exposées, si possible de la manière la plus susceptible de maximiser les recettes.

Pour cerner aussi bien les enjeux réglementaires que le cadre actuel régissant le déroulement des tribunes téléphoniques, il convient de procéder en cinq temps. Après le rappel des principes qui figurent dans la *Loi sur la radiodiffusion* pour baliser ce type de programmation, nous ferons un retour sur les principales étapes du développement de la politique du CRTC à cet égard, nous passerons en revue le projet de lignes directrices que le CRTC a mis de l'avant en 1988. Ensuite, nous jetterons un coup d'oeil sur l'activité réglementaire du CRTC lors des événements de l'été 1990 avant de conclure par certains constats sur les approches réglementaires les plus pertinentes à l'égard des tribunes téléphoniques.

Le fil conducteur qui devrait guider la recherche du meilleur encadrement réglementaire est celui qui permet de réaliser un équilibre entre les valeurs les plus souvent invoquées pour réclamer la mise en place de balises et la nécessité de préserver la liberté de discussion dans une société démocratique. L'analyse des dimensions juridiques d'un phénomène comme les tribunes téléphoniques suppose donc, au premier chef, d'identifier ces rationalités au nom desquelles l'on pourra voir émerger des demandes afin d'en encadrer certains aspects. Ces demandes concernent un ensemble de motifs susceptibles de légitimer des limites à la liberté d'expression. Pour dégager les traits que devrait posséder l'encadrement d'une telle activité d'expression et de création, il faut tenir compte de la suprématie de la liberté d'expression. Il faut trouver les moyens de concilier les valeurs liées à la liberté d'expression et celles qui se rattachent à la protection d'autres valeurs importantes pour la société.

C'est presque toujours à l'occasion des crises que se raniment les débats sur les tribunes téléphoniques et que revient l'inévitable question de savoir si celles-ci «vont trop loin» et s'il n'y aurait pas lieu de les encadrer d'une réglementation plus stricte. Les énoncés du CRTC qui portent sur ce type d'émissions ont presque tous été rendus à la suite d'incidents qui se sont déroulés au cours de l'une ou l'autre des crises politiques ayant ponctué l'histoire des trente dernières années.

Les excès que l'on relève dans les tribunes téléphoniques ne résultent généralement pas des interventions des simples citoyens qui y participent. C'est bien davantage des travers des animateurs dont on se plaint et qui incitent certains à réclamer un encadrement plus serré pour ce type d'émissions. Au mieux, les membres du public qui appellent à une tribune téléphonique deviennent les faire-valoir des animateurs qui demeurent continuellement maîtres du jeu. Le fait que les participants aux tribunes téléphoniques ne puissent se parer de quelque expertise ou autorité reconnue contribue à les confiner à ce rôle quelque peu ingrat du faire-valoir ne maîtrisant aucun des leviers présidant au déroulement de ce que l'on présente parfois comme un débat.

En somme, la revendication la plus constante que l'on formule à l'égard des tribunes téléphoniques, c'est qu'elles soient de véritables forums d'information. On souhaite qu'elles soient de véritables occasions de discussions éclairées sur des questions qui préoccupent le public, un débat informé sur des questions qui soulèvent des passions. C'est une quête en faveur de l'accroissement de la qualité du traitement des questions d'actualité qui fonde le plus souvent les débats sur les tribunes téléphoniques.

Les revendications qui se manifestent à l'égard des tribunes téléphoniques doivent s'articuler avec la liberté reconnue aux diffuseurs de choisir les sujets traités et la façon de les traiter. Mais une telle liberté doit s'exercer en conformité avec les principes énoncés par le Parlement dans la *Loi sur la radiodiffusion*.

LES PRINCIPES ÉNONCÉS DANS LA *LOI SUR LA RADIODIFFUSION*

Le Parlement a confié au CRTC dans la *Loi sur la radiodiffusion* un ensemble considérable de pouvoirs lui permettant d'intervenir, au moyen de plusieurs techniques de réglementation adaptées au contexte essentiellement changeant et immatériel de la création radiophonique et télévisuelle. La *Loi sur la radiodiffusion* énonce des principes généraux et habilite le gouvernement, et surtout le CRTC, à mettre en oeuvre les principes et objectifs de la politique canadienne de la radiodiffusion. Elle attribue au gouvernement et au CRTC[1], les pouvoirs nécessaires à la surveillance et à la réglementation des entreprises de radiodiffusion[2] de façon à mettre en oeuvre cette politique de radiodiffusion[3]. Au nombre des principes énoncés par le Parlement, certains sont particulièrement pertinents à la question des tribunes téléphoniques. On peut lire à l'article 3(1) de la *Loi sur la radiodiffusion* que:

[...]

b) le système canadien de radiodiffusion [...] utilise des fréquences qui sont du domaine public. [...]

d) le système canadien de radiodiffusion devrait:

[...]

(ii) favoriser l'épanouissement de l'expression canadienne en proposant une très large programmation qui traduise des attitudes, des opinions, des idées, des valeurs et une créativité artistique canadiennes, qui mette en valeur des divertissements faisant appel à des artistes canadiens et qui fournisse de l'information et de l'analyse concernant le Canada et l'étranger considérés d'un point de vue canadien,

(iii) par sa programmation et par les chances que son fonctionnement offre en matière d'emploi, répondre aux besoins et aux intérêts et refléter la condition et les aspirations des hommes, des femmes et des enfants canadiens, notamment l'égalité sur le plan des droits, la dualité linguistique et le caractère multiculturel et multiracial de la société canadienne ainsi que la place particulière qu'y occupent les peuples autochtones [...]

g) la programmation offerte par les entreprises de radiodiffusion devrait être de haute qualité;

h) les titulaires de licences d'exploitation d'entreprises de radiodiffusion assument la responsabilité de leurs émissions;

i) la programmation offerte par le système canadien de radiodiffusion devrait à la fois:

(i) être variée et aussi large que possible en offrant à l'intention des hommes, femmes et enfants de tous âges, intérêts et goûts une programmation équilibrée qui renseigne, éclaire et divertit.

[...]

(iv) dans la mesure du possible, offrir au public l'occasion de prendre connaissance d'opinions divergentes sur des sujets qui l'intéressent.

On a fait état du caractère déclamatoire de cette partie de la *Loi sur la radiodiffusion*, qui énonce les principes et objectifs sous-tendant la réglementation du système canadien de radiodiffusion, et des difficultés d'application qui peuvent en résulter[4]. Le caractère rhétorique d'un telle disposition proclamant la nécessité de favoriser le bien et de combattre le mal ne doit pas nous faire mésestimer son rôle crucial dans la détermination de l'ampleur des mesures susceptibles d'être prises afin de répondre aux inquiétudes résultant de tel ou tel type de contenu radiophonique ou télévisuel[5].

On trouve assez peu de prescriptions dans la *Loi sur la radiodiffusion*: elle contient surtout des habilitations. La loi ne prescrit pas elle-même les obligations des radiodiffuseurs, elle se borne à conférer au CRTC un ensemble considérable de pouvoirs et de prérogatives par lesquels il se trouve investi du rôle de déterminer et de préciser ce que peuvent ou ne peuvent faire les diffuseurs. Le gouvernement se voit, pour sa part, conférer le pouvoir de donner des instructions au CRTC[6] tandis que ce dernier se voit accorder les pouvoirs de faire des règlements[7], d'énoncer les conditions auxquelles sera soumis tout titulaire de licence d'exploitation d'entreprise de radio ou de télévision[8]. Le CRTC possède également des pouvoirs d'enquête et celui d'émettre des ordonnances[9].

Le recours à l'un ou l'autre de ces outils d'intervention ou à un dosage de mesures impératives et d'incitations permet au Conseil de réglementer de façon nuancée en tenant compte de la nature fluctuante des réalités sur lesquelles il cherche à intervenir. Les décisions du CRTC afin de mettre en oeuvre les principes de la politique de radiodiffusion adoptée par le Parlement peuvent en effet s'exprimer par plusieurs techniques. Nous appelons «techniques de réglementation» les divers moyens utilisés par ceux qui veulent imposer des normes de conduite à ceux qui prennent part à une activité.

C'est en adoptant l'une ou l'autre ou une combinaison de techniques de réglementation que les instances chargées de mettre au point les politiques parviennent à définir et à prévoir les modes d'articulation entre les droits, les obligations et les intérêts des diverses parties impliquées dans la circulation de l'information. Le recours à certaines techniques de réglementation peut être plus ou moins indiqué, notamment en raison de la nécessité de prévoir des règles qui sont compatibles avec les libertés et droits fondamentaux de l'information. La question de savoir si la réglementation des tribunes téléphoniques est une bonne ou une mauvaise chose est une question mal posée. Toute activité humaine est l'objet d'un certain degré de réglementation, les activités de radiodiffusion sont réglementées partout dans le monde d'une manière qui leur est spécifique. La question importante est plutôt celle des techniques de réglementation les plus appropriées aux caractéristiques de cette activité de communication.

À l'égard des tribunes téléphoniques, le CRTC a choisi une approche souple, laissant de côté l'approche fondée sur un texte réglementaire spécifique. Il s'est principalement attaché à expliciter la portée des principes généraux de la *Loi sur la radiodiffusion* à l'égard de ce type de programmes.

Le *Règlement de 1986 sur la radio*[10] interdit de diffuser la totalité ou une partie d'une interview ou d'une conversation téléphonique avec une personne sans son consentement écrit ou oral, à moins que celle-ci ait téléphoné à la station pour participer à une émission. C'est actuellement l'unique règle impérative d'application générale concernant les tribunes téléphoniques.

Au nombre des principes généraux pertinents aux question soulevées par les tribunes téléphoniques, il y a l'article 3(1)g) de la *Loi sur la radiodiffusion* qui déclare que «la programmation offerte par les entreprises de radiodiffusion devrait être de haute qualité[11]». Le principe s'attache à la programmation de chaque radiodiffuseur. D'autre part, l'article 3(1)i)(i) énonce que la programmation offerte par le système devrait «être variée et aussi large que possible en offrant à l'intention des hommes, femmes et enfants de tous âges, intérêts et goûts une programmation équilibrée qui renseigne, éclaire et divertit». Le sous-paragraphe (iv) de l'article 3(1)i) prévoit que la programmation offerte par le système canadien de radiodiffusion doit «dans la mesure du possible, offrir au public l'occasion de prendre connaissance d'opinions divergentes sur des sujets qui l'intéressent».

Ces objectifs d'équilibre[12] dans la programmation peuvent se réaliser de diverses façons. On peut, en effet, déduire du principe que c'est dans la programmation de chaque radiodiffuseur que devrait se retrouver ces occasions offertes au public de prendre connaissance d'opinions divergentes. Ou encore, on peut penser que l'équilibre est une notion renvoyant au système de radiodiffusion dans son ensemble et qu'il suffit que ce dernier soit organisé et réglementé en vue d'assurer une possibilité raisonnable d'exprimer des opinions différentes. Évidemment, on peut aussi considérer que c'est en faisant en sorte que chaque radiodiffuseur respecte, dans sa programmation, ce principe d'équilibre, que celui-ci se trouvera respecté dans l'ensemble du système. C'est cette façon de voir que le CRTC a traditionnellement retenue.

DES INQUIÉTUDES QUI REMONTENT AUX ANNÉES 1960

Les problèmes posés par les tribunes téléphoniques ont été soulevés périodiquement au cours des années. Dès 1965, le Bureau des gouverneurs de la radiodiffusion (BGR) tenait une audience publique sur le sujet[13]. Quelques mois plus tôt, il avait publié des lignes de conduite, aujourd'hui considérées comme désuètes, sur les sujets sexuels aux émissions de lignes ouvertes[14]. L'audience de 1965 avait été convoquée afin de discuter de la politique appropriée sur ces questions. Elle ne fut pas suivie de la publication d'un énoncé de politique du BGR. Ce n'est qu'en 1988 que le CRTC a publié un énoncé général au sujet des tribunes téléphoniques.

Dans sa décision du 23 août 1976 renouvelant la licence de Radio NW de New Westminster, le CRTC déclare:

> Même si le Conseil encourage fortement la diffusion d'émissions qui traitent de questions d'intérêt communautaire, il est préoccupé par les dangers qui, selon lui, sont inhérents aux émissions de tribune téléphonique de nature investigatrice. Le reportage investigateur nécessite l'utilisation de techniques professionnelles en vue de présenter un compte rendu d'un événement donné qui soit aussi juste et aussi exact que possible. Pour rassembler et présenter les faits d'une telle situation, il faut du temps, du soin ainsi que des aptitudes et des normes de reportage et de rédaction de haut niveau[15].

Le Conseil invoque le standard de haute qualité pour se guider dans l'élaboration des balises devant encadrer les tribunes téléphoniques. Or, la nature même de ces émissions pose des défis particuliers au radiodiffuseur soucieux de présenter des émissions d'information qui soient de qualité.

Dans la même décision, il constate que:

> Le style de ces émissions est souvent robuste, émotif et sujet à controverse et se distingue par des opinions d'une nature hautement personnelle. L'animateur de l'émission de tribune téléphonique estime qu'il doit traiter, chaque semaine, de plusieurs questions controversées de façon provocante et stimulante. Pour ce faire, il doit se fonder en grande partie sur des assertions qui ne sont ni vérifiées ni vérifiables par les personnes avec lesquelles il discute sur les ondes[16].

Préoccupé du fait que les émissions de tribunes téléphoniques fournissent très peu d'occasions d'atteindre des niveaux élevés de qualité dans le domaine du reportage investigateur, le Conseil indique que le radiodiffuseur qui s'avise de diffuser de telles émissions «a la tâche importante de prendre toutes les mesures nécessaires en vue de supprimer toute erreur, négligence ou manque de conscience professionnelle qui pourrait nuire sérieusement aux particuliers et aux groupes de la communauté[17]». Ainsi, l'obligation de maintenir un niveau élevé de programmation ainsi que celle de fournir une occasion raisonnable et équilibrée d'exposer différents points de vue se retrouvent de façon particulière dans ce domaine.

Dans sa décision du 23 septembre 1976 renouvelant la licence de la station CKVL de Montréal[18], le Conseil note que l'entreprise a adopté un code interne de déontologie dont l'objet est d'améliorer les émissions de type tribune téléphonique. Ce code devait servir à guider les animateurs et autres employés participant à la réalisation de ce genre d'émissions. Le Conseil déclare suivre cette expérience avec beaucoup d'intérêt.

Comme on le voit, le CRTC aligne ses réflexions autour des principes énoncés par le Parlement dans la *Loi sur la radiodiffusion.* C'est un phénomène normal puisque c'est là que se trouvent les préceptes fondamentaux qui sont supposés présider au déroulement des activités de radiodiffusion au Canada. Voyons comment s'articulent certains de ces principes.

Aussi considérables que puissent être les pouvoirs du CRTC, celui-ci ne peut aller jusqu'à régenter tout ce qui se passe sur les ondes. L'article 2(3) de la *Loi sur la radiodiffusion* affirme d'ailleurs explicitement la liberté éditoriale des radiodiffuseurs. Dans *National Indian Brotherhood* c. *Juneau (no 3),* le juge Walsh écrit que le but des dispositions de l'article 3 de la *Loi sur la radiodiffusion* «n'est pas de s'appliquer à chaque émission en particulier, mais à l'ensemble de la politique de la radiodiffusion[19]». À l'égard de l'article 3d) de la loi de 1968, dont la substance est reprise par les dispositions de la loi de 1991, le juge mentionne qu'il s'agit d'un article:

> [...] prévoyant que la programmation doit être variée et compréhensive, qu'elle doit fournir la possibilité raisonnable et équilibrée d'exprimer des vues différentes sur des sujets qui préoccupent le public et qu'elle doit être de haute qualité, et utiliser des ressources canadiennes créatrices et autres. Ici encore, il est évident que c'est la programmation en général qui est en cause et non une émission particulière, et qu'en tout cas, comme on l'a déjà dit, la seule sanction prévue est l'annulation, la suspension ou le refus de renouvellement de la licence si une émission ne se conforme pas à ce règlement[20].

La *Loi sur la radiodiffusion* vise la programmation dans son ensemble et n'autorise pas l'intervention punitive du CRTC à propos d'une émission déterminée. Les décisions à l'égard des émissions particulières demeurent du domaine de la discrétion éditoriale du radiodiffuseur. En pratique cependant, l'organisme de réglementation n'a d'autre choix que d'intervenir au sujet d'émissions en particulier. Le processus au cours duquel son attention est attirée sur les décisions éditoriales, soit les plaintes du public, l'y pousse. Le principe de l'équilibre doit évidemment se matérialiser dans le concret d'une programmation déterminée. C'est pourquoi le Conseil se penche, de temps à autre, sur les décisions éditoriales prises au sujet d'une émission en particulier ou de plusieurs émissions. Il s'y penche une fois que celles-ci ont eu lieu, non pas afin de censurer les propos qui ont pu y être tenus, mais plutôt pour vérifier si le radiodiffuseur a exercé sa discrétion éditoriale dans le respect des principes définis par le Parlement sur les qualités que devrait posséder la programmation offerte par le système de la radiodiffusion canadienne. Là résident les balises de l'intervention du Conseil en matière de programmation. C'est un contrôle *a posteriori* ne visant pas tant des objectifs de répression qu'un souci de promouvoir un meilleur équilibre, une meilleure qualité dans le traitement des matières difficiles.

Ces balises ont été explicitées par le Conseil à la faveur de certaines affaires concernant le traitement des matières controversées à propos desquelles il a été amené à enquêter. Elles concernent l'équilibre dans le traitement de la controverse et la qualité du traitement des matières d'intérêt public.

Le 22 octobre 1967, le réseau anglais de Radio-Canada présentait une émission traitant de la pollution dans la région de Dunville–Port Mainland, non loin de Hamilton en Ontario. Le documentaire traitait des émanations de fluor provoquées par l'usine de la Electric Reduction Co. L'émission démontrait que ces émanations de fluor étaient à l'origine de la mort de centaines de bêtes à cornes, avaient ruiné les récoltes et mettaient des vies humaines en danger. Le ton employé ainsi que le contenu de l'émission déclenchèrent de vives discussions. Le CRTC entreprit d'enquêter sur la façon dont la Société Radio-Canada avait assumé son rôle lors de la préparation et la diffusion de l'émission *Air of Death*. Le Comité du Conseil chargé de mener l'enquête a exprimé ses conclusions de portée générale sous forme «d'observations» ayant trait à plusieurs aspects majeurs du traitement de l'information à la radio et à la télévision[21].

Dans son rapport, on peut lire que le CRTC n'interprète pas les dispositions de la *Loi sur la radiodiffusion* concernant l'équilibre «comme étant une directive pour que chaque émission décrive impérativement tous les aspects d'une question[22]». Ce qui importe, c'est que «dans l'ensemble de la programmation, les questions sujettes à controverse soient traitées de façon loyale». Le Comité n'envisage pas non plus le principe de l'équilibre comme emportant l'obligation de consacrer une attention égale à toutes les opinions qui sont contraires à celle qui est défendue dans une émission donnée. Ce qui importe pour le Comité, c'est que la controverse relative à l'existence ou à la gravité d'un problème soit traitée de façon claire et loyale et que le problème soit identifié de façon manifeste comme prêtant à controverse, si tel est le cas.

Lors du renouvellement du permis de la station *Vancouver Co-Operative Radio* en 1988, une plainte relative à la programmation équilibrée a été présentée[23]. Le plaignant déplorait le traitement réservé à la communauté juive dans une émission hebdomadaire présentée à cette station. Cette dernière soutenait que la responsabilité de l'équilibre dans la programmation incombait au système de radiodiffusion dans son ensemble et non à chaque station et qu'en présentant une perspective différente des autres services d'émissions offerts par d'autres stations dans sa zone de marché, elle contribuait à l'équilibre du système de radiodiffusion. À l'encontre de cette prétention, le Conseil réitère sa position «qu'il appartient à chaque station et non pas seulement au système de la radiodiffusion dans l'ensemble, de respecter l'exigence de [...] la Loi d'offrir une possibilité raisonnable et équilibrée d'exprimer des vues différentes sur des sujets qui préoccupent le public[24]». Cette obligation existe chaque fois qu'une question présentée préoccupe le public et non seulement lorsque la titulaire reçoit une plainte. Dans ce dernier cas, la station doit faire une offre véritable et raisonnable de temps d'antenne au plaignant pour y présenter un autre point de vue; si le plaignant refuse l'offre et que la question en jeu préoccupe le public, l'obligation à l'égard de l'équilibre subsiste et la station doit trouver un autre moyen de l'offrir, en cherchant par exemple des groupes ou des personnes en mesure de fournir une perspective différente de celle déjà présentée[25].

Le standard de programmation de haute qualité[26] prend une importance considérable dans le domaine de la programmation du type des tribunes téléphoniques. Dans son *Avis concernant une plainte faite par la Media Watch à l'égard de CKVU Television, Vancouver C.-B.*[27], le CRTC affirmait que «le droit à la liberté d'expression sur les ondes publiques ne peut pas l'emporter sur le droit du public de recevoir des émissions radiodiffusées de haute qualité, libres de commentaires dévalorisants ou d'incitation à la violence envers tout groupe identifiable». Le Conseil blâmait la station de télévision pour avoir laissé un éditorialiste déclarer qu'il souhaitait que les membres d'un groupe féministe de surveillance des activités des médias puissent, en cas de guerre, «être violées par les Russes[28]».

Pour déterminer si un radiodiffuseur s'est acquitté de ses responsabilités en matière de programmation de qualité, il faut tenir compte des circonstances de chaque cas, y compris du contexte dans lequel s'inscrit l'émission, et:

> [...] de la mesure dans laquelle le radiodiffuseur a eu l'occasion de déterminer, avant la mise en ondes de l'émission, si une déclaration méritait d'être présentée ou non et, s'il n'a pas eu cette occasion, du fait que le radiodiffuseur ait été disposé ou pas à assumer la responsabilité d'une déclaration présentée qui n'a pas satisfait à des normes acceptables de radiodiffusion et à s'en excuser.

Dans cette affaire, le Conseil affirmait aussi que:

> [...] les radiodiffuseurs sont loin de s'acquitter de leurs responsabilités et de respecter les normes élevées de programmation requises lorsque la fréquence qui leur a été confiée est utilisée, non pas pour faire une critique des activités d'un groupe en particulier, mais pour promouvoir de la violence sexuelle à l'égard de ses membres[29].

Dans son avis public du 1er septembre 1987, *Plaintes du Centre autochtone régional de Niagara, du Centre d'accueil autochtone de Fort Erie et de la Bande indienne de Peguis contre la CJRN 710 Inc., Niagara Falls (Ontario), au sujet de l'émission The John Michael Talk Show*[30], le CRTC, tout en invoquant le règlement prohibant les propos haineux à l'égard d'un groupe identifiable, s'en tient à prononcer un blâme contre la station CJRN de Niagara Falls, à la suite de plaintes formulées après qu'un animateur eut prononcé en ondes des paroles très dures à l'égard des autochtones[31].

Rejetant les explications de la station et déclarant insuffisante l'offre de la station de mettre du temps d'antenne à la disposition de représentants autochtones afin qu'ils viennent discuter de leurs préoccupations, le Conseil juge inacceptables les «généralisations désobligeantes» exprimées par l'animateur. Il ajoute:

> En orientant comme il l'a fait la discussion sur le sujet, M. Michael a anéanti toute possibilité de débat raisonnable sur une importante question d'intérêt public. Au contraire, l'exercice qu'il a activement stimulé en était un de stéréotype négatif, de dénigrement et de ridicule dont l'effet nettement prévisible était de favoriser les préjugés raciaux et la malveillance à l'égard des autochtones du Canada[32].

Le Conseil ajoute que cela était une «utilisation déraisonnable et regrettable des ondes publiques[33]» pour laquelle il blâme la titulaire de licence. Par leur portée et leur ton, de tels propos ne peuvent, selon le Conseil, être considérés comme étant sans conséquence. La notion de propos offensants qui, mis dans leur contexte, risquent d'exposer une personne, un groupe ou une classe de personnes à la haine ou au mépris, renvoie donc à la fois au sens objectif des mots, au ton ainsi qu'au contexte dans lequel ils ont été prononcés.

L'avis public du 28 juin 1984[34] faisait suite à des plaintes formulées contre la station de radio CFCF de Montréal. Il portait sur l'utilisation d'un sondage téléphonique (Instapoll) dans lequel les auditeurs étaient invités à dire, en appelant à la station, s'ils partageaient les motifs ayant poussé le caporal Denis Lortie à se livrer à une fusillade meurtrière à l'Assemblée nationale, le 8 mai 1984. C'est en soulignant les lacunes de ce type de sondage, dont la méthodologie est notoirement incomplète, que le CRTC conclut que le standard de haute qualité n'avait pas été respecté. Le Conseil écrit à cet égard que «demander aux auditeurs de répondre par un «oui» ou un «non» peut être acceptable ou, à tout le moins, inoffensif si la question ne porte pas sur un élément vital de l'ordre public. Mais cet exercice est inopportun et même dangereux lorsqu'il s'agit d'une question fondamentale[35]». En outre, dans ce cas, on ne pouvait détecter le nombre d'appels en provenance d'un même auditeur. Certains éléments contextuels ont aussi été mentionnés, soit le manque de considération pour les proches des victimes et l'éventuelle possibilité d'encourager les gens à exprimer des sentiments extrêmes suite à de tels événements. C'est pourquoi le Conseil conclut qu'en réalisant et en diffusant un tel sondage, la station avait manqué à ses obligations de maintenir un standard de haute qualité dans sa programmation[36].

Ainsi, à l'égard du traitement des matières controversées, la notion de haute qualité est un standard guidant l'appréciation qui peut être faite des décisions des radiodiffuseurs en matière de programmation. La notion de haute qualité, pas plus que celle de l'équilibre, n'est appliquée comme un principe limitant le champ de la créativité des radiodiffuseurs. C'est plutôt un paramètre à l'aide duquel on jugera *a posteriori* des décisions prises par une entreprise.

LE PROJET DE LIGNES DIRECTRICES
SUR LES TRIBUNES TÉLÉPHONIQUES DE 1988

En réaction à une recrudescence des plaintes portées à l'égard de certaines stations diffusant des émissions de tribunes téléphoniques, le CRTC proposa, en 1988, un projet de lignes directrices sur les tribunes téléphoniques. Dans son avis public du 29 juillet 1988 intitulé *Projet de lignes directrices concernant les tribunes téléphoniques*[37], le Conseil explique que:

> Les plaintes dont les tribunes téléphoniques ont fait l'objet sont la diffusion de propos jugés offensants fondés sur la race, la religion, l'origine ethnique, l'âge, le sexe ou la déficience physique ou mentale; l'incapacité de fournir une possibilité raisonnable et équilibrée au public d'exprimer des vues divergentes sur des questions l'intéressant; et l'incapacité de respecter les normes élevées d'émissions que les radiodiffuseurs devraient atteindre. Cette dernière préoccupation prend habituellement la forme d'attaques personnelles contre des particuliers ou des groupes, de sensationnalisme, de manque de préparation des émissions, de déclarations inexactes et de laisser-aller général dans le traitement de questions controversées[38].

C'est surtout à la compétence et au jugement des personnes chargées d'animer certaines tribunes téléphoniques que le Conseil semble attribuer la majeure partie des problèmes identifiés. Il relève en effet que:

> Le rôle de l'animateur est souvent un facteur déterminant de la qualité de ces émissions. Intimidation et injures des appelants, représailles contre ceux qui ont des points de vue divergents et des points de vue personnels biaisés comptent parmi les abus que certains animateurs ont commis[39].

Le mauvais choix d'invité ou de sujet a parfois donné lieu à des plaintes. Le Conseil a souvent mentionné que le recours à des spécialistes comme invités peut contribuer à donner un éclairage nouveau à un sujet ou à cerner clairement un point de vue particulier. Selon le Conseil, «un présentateur inattentif non documenté ou inexpérimenté peut donner lieu à des propos offensants ou à une incapacité de respecter les obligations d'équilibre et de normes élevées qu'exige la *Loi sur la radiodiffusion*[40]».

Lorsqu'on constate la tendance de plusieurs médias à se contenter de présenter les impressions et réactions des personnes directement impliquées dans les événements en guise d'analyse et d'explication, on mesure le décalage entre ces préceptes et certaines pratiques journalistiques contemporaines souvent plus proches du souci de divertir que de celui d'éclairer réellement le public.

Dans son *Projet de lignes directrices concernant les tribunes téléphoniques*, le Conseil rappelle les exigences relatives à la responsabilité des radiodiffuseurs et fait également état des principes de l'équilibre et de la haute qualité. Après avoir rappelé la teneur des dispositions réglementaires interdisant la diffusion de propos offensants, le Conseil met de l'avant un ensemble de lignes directrices sur les tribunes téléphoniques. Ces lignes directrices sont regroupées sous trois rubriques: les propos et le langage offensants, l'équilibre et la haute qualité.

Pour prévenir les propos et le langage offensants, le Conseil suggère:

1. La mise en place de mécanismes appropriés pour garantir le filtrage des appels.

2. La mise en place d'un système de diffusion en différé pour permettre la suppression de propos offensants ou autres dont la diffusion pourrait contrevenir aux règlements ou à la Loi.

3. En choisissant ses invités pour les tribunes téléphoniques, les titulaires devraient prendre les mesures appropriées pour minimiser la possibilité de propos offensants, notamment en se familiarisant elles-mêmes avec les intentions des invités et en familiarisant ceux-ci avec les règlements à l'égard des propos offensants et en leur demandant de garantir qu'ils respectent le Règlement au cours de la diffusion.

4. Des précautions, semblables à celles qui s'appliquent aux invités, devraient être prises à l'égard des appelants qui participent à des tribunes téléphoniques, en particulier lorsqu'il s'agit d'un sujet explosif et controversé, le présentateur devrait prendre soin de prévenir les appelants possibles au début de l'émission et pendant son déroulement[41].

Afin de favoriser le respect des exigences en matière d'équilibre, le Conseil met de l'avant les trois lignes directrices suivantes:

1. Divers points de vue sur des questions d'intérêt public devraient être présentés. Comme à de nombreuses entreprises [sic], la tribune téléphonique est la seule émission au cours de laquelle des questions controversées sont abordées, les titulaires devraient veiller à ce que diverses perspectives sur des questions d'intérêt soient fournies durant l'émission ou la série d'émissions traitant d'un sujet particulier. Une bonne préparation de l'émission est alors essentielle et devrait inclure la consultation de personnes-ressources ou la présence de spécialistes pour représenter tous les aspects d'une question particulière pour compléter les vues des appelants qui téléphonent à l'entreprise de leur propre chef.

2. Un débat dynamique constitue certes un élément important des tribunes téléphoniques, mais les présentateurs ne devraient pas être plus critiques ou plus exigeants envers des personnes ayant un point de vue qu'avec celles qui en ont un autre, pas plus que certains points de vue devraient être supprimés.

3. On doit prendre soin d'empêcher une prise de contrôle des émissions par des groupes organisés d'appelants pour que l'émission devienne le moyen d'expression d'une présentation organisée d'un point de vue[42].

Au plan des exigences découlant de l'impératif de haute qualité, le Conseil met de l'avant cinq lignes directrices. Ce sont les suivantes:

1. Les animateurs devraient soit éviter les sujets controversés dans lesquels eux-mêmes ou leurs invités ont un intérêt personnel soit préciser cet intérêt et le conflit possible au cours de l'émission. Dans un tel cas, on doit tenir compte des exigences en matière d'équilibre.

2. Tous les participants devraient être traités de façon juste et avec courtoisie. Ce traitement devrait permettre de garantir la participation de gens ayant des opinions et des origines diverses. Les animateurs ont le droit et la responsabilité de mettre en doute les vues des appelants et des invités. Toutefois, les participants ne devraient être ni harcelés, ni insultés, ni ridiculisés par l'animateur.

3. Le titulaire d'une licence devrait établir des procédures de vérification de l'exactitude des faits, que ce soit par document de référence ou en communiquant avec des personnes en mesure de commenter avec précision les faits débattus par les appelants. On encourage le recours à des spécialistes invités.

4. Certaines tribunes téléphoniques donnent des conseils aux auditeurs. Les présentateurs et les invités de ces émissions doivent être conscients des limites de leur compétence et ne pas prodiguer des conseils dans des domaines qui sortent de leur champ de connaissances.

5. Les présentateurs d'émissions devraient éviter le sensationnalisme ou d'utiliser des émissions pour diriger des attaques personnelles[43].

La majorité des personnes et organismes ayant fait connaître au Conseil leur point de vue sur son projet de lignes directrices s'y opposèrent. On a fait valoir que les problèmes effectivement rencontrés étaient somme toute assez peu nombreux compte tenu du nombre d'heures d'émissions de tribunes téléphoniques, que les radiodiffuseurs diligents s'étaient déjà dotés de lignes directrices, que les associations de diffuseurs pouvaient fort bien susciter une autodiscipline. Dans sa *Politique en matière de tribunes téléphoniques*[44] publiée en décembre 1988, le Conseil déclare qu'il n'est pas convaincu qu'il soit nécessaire ou souhaitable d'imposer des lignes directrices sur les tribunes téléphoniques. Il annonce qu'il continuera à traiter les préoccupations à cet égard sur une base individuelle. Le Conseil encourage les diffuseurs à instituer des mesures pour garantir que leurs obligations soient remplies en tout temps.

Du même coup, le CRTC annonce qu'il entend exiger des titulaires de licence qui se sont montrées incapables de respecter les dispositions de la loi ou des règlements au chapitre des tribunes téléphoniques qu'elles élaborent elles-mêmes des lignes directrices appropriées ainsi que d'autres mécanismes de contrôle. Ces entreprises seront tenues de lui soumettre copie de leurs lignes directrices pour approbation. Lors des renouvellements, il étudiera l'efficacité des mesures et mécanismes mis en place par ces titulaires. Le jour de la publication de sa politique sur les tribunes téléphoniques, le CRTC exigeait de deux entreprises qu'elles déposent les lignes directrices dont elles devront s'être dotées pour encadrer cet aspect de leurs activités de programmation[45].

Dans sa décision du 20 août 1990 concernant la demande de renouvellement de la licence de *Les entreprises de radiodiffusion de la Capitale inc.*[46], le Conseil fait état de cinq situations spécifiques au sujet desquelles il conclut que la station de radio a clairement failli à son devoir découlant des exigences de haute qualité et d'équilibre. Convaincu que l'entreprise n'a pas la volonté de résoudre le problème posé à ce titre par les propos d'un de ses animateurs de tribunes téléphoniques (A. Arthur), le Conseil ne lui accorde qu'un renouvellement d'un an et assortit la licence de conditions spécialement rattachées à la tenue de tribunes téléphoniques. Au nombre de ces conditions, il y a celle de conserver l'enregistrement sur ruban témoin de toute la matière radiodiffusée sur les ondes de la station pour une période de six mois à compter de la date de diffusion. La station doit aussi informer le Conseil de tout jugement ou règlement résultant d'une poursuite en diffamation intentée contre la station ou son animateur à la suite de propos tenus par ce dernier sur les ondes de la station. Une condition d'obtention de la licence porte sur l'obligation de la station de respecter fidèlement les exigences de ses lignes directrices approuvées par le Conseil et d'en fournir copie à tout intéressé. Selon le Conseil, ces lignes directrices servent utilement à définir plus précisément la portée des exigences de haute qualité et d'équilibre. Afin d'assurer que ces lignes directrices aient leur pleine portée, le Conseil exige en plus que la station lui soumette dans les soixante jours des lignes directrices modifiées prévoyant le traitement à accorder à toute personne dont il est question sur les ondes, qu'elle y soit présente ou absente. Enfin, le Conseil exige que la station fasse connaître à son auditoire l'existence et la teneur de ses lignes directrices. Pour ce faire, elle est tenue de diffuser quotidiennement sur les ondes des messages approuvés par le Conseil.

En août 1992, après avoir pris note des engagements de l'entreprise, le CRTC a décidé de supprimer ces conditions attachées à la licence de CHRC. Les engagements de la station étaient de respecter ses propres lignes directrices concernant les tribunes téléphoniques, lesquelles mentionnent que:

> toute personne dont il est question sur les ondes, qu'elle soit présente ou qu'elle soit absente, doit être traitée par les intervenants et l'animateur avec les égards élémentaires qu'on doit accorder aux personnes dans une société libre et démocratique.

L'avenir nous dira si l'approche du Conseil sera suffisante. Des événements récents sont susceptibles de jeter d'autres doutes sur la compétence des dirigeants et animateurs de la station en cause[47]. La compétence pour administrer une station de radio ne se limite pas à la seule capacité de mettre en place une programmation susceptible d'attirer les auditeurs, elle suppose une aptitude à comprendre les exigences des lois encadrant l'activité dans laquelle on a choisi d'évoluer.

LES PLAINTES LORS DES ÉVÉNEMENTS DE L'ÉTÉ 1990

Dans le cadre de l'exercice de son rôle de surveillance des activités des stations de radio, le Conseil recueille des observations et s'occupe des plaintes dirigées contre les titulaires de licence par les membres du public. Ainsi, le Conseil a reçu au cours de l'année 1989-1990 un total de 5 552 plaintes relatives à la radiodiffusion[48], c'est-à-dire à l'un ou l'autre des divers éléments du système de radiodiffusion.

En principe, le Conseil répond à chaque commentaire ou plainte reçus; il ne traite cependant de façon formelle que les plaintes qui lui sont soumises par écrit. Si les questions en cause sont de son ressort, le Conseil pourra, dans le cas d'une plainte relative à la radiodiffusion, entreprendre au besoin une enquête ou, dans certains cas plus graves, convoquer la titulaire à une audience publique.

Le Conseil a comme politique de transmettre aux titulaires concernées les plaintes[49] qui lui sont acheminées, car ce sont elles qui assument la responsabilité de ce qui est diffusé par leur entreprise. Il y joint une directive priant la titulaire de répondre directement au plaignant, parce qu'il estime que les titulaires doivent être responsables face au public et mettre en oeuvre les moyens de régler les plaintes émanant de celui-ci à l'égard de leurs émissions.

Lors de la crise d'Oka, le Conseil a reçu un certain nombre de plaintes portant principalement sur des propos de l'animateur Gilles Proulx à CJMS.

Dans un certain nombre de plaintes, on accusait Gilles Proulx d'avoir, par ses propos incendiaires, incité certaines personnes à lapider des personnes âgées, femmes et enfants fuyant le village de Kahnawake en empruntant le pont Mercier alors occupé par une bande armée qui en bloquait l'accès aux Blancs. Après analyse, le CRTC rejette les prétentions des plaignants. Les motifs sont exposés dans une lettre du 9 novembre 1990 du secrétaire du CRTC, M. Allan Darling, adressée à Gaétan Lefebvre du «Comité contre l'autocensure et les pratiques non démocratiques», un groupe inconnu jusqu'alors. Le Conseil conclut qu'à l'exception peut-être d'un extrait, il n'y a pas matière à plainte[50]. Les raisons invoquées sont les suivantes:

> Premièrement, en ce qui touche l'exigence relative à la programmation de haute qualité et surtout la question de l'incitation à la violence, on ne peut pas affirmer que M. Proulx (ou tout autre annonceur de CJMS) a incité le public à prendre part à l'incident au cours duquel des personnes ont lancé des pierres le 28 août 1990; l'examen attentif de la bande de cette journée-là a été fait dans cet esprit. Les fois où M. Proulx a laissé entendre que les résidants de Châteauguay étaient peut-être justifiés de lancer des pierres, c'était un bon bout de temps après les faits.

> Il faut également noter que cet incident a commencé le 28 août 1990 au moins une heure et demie après la fin de l'émission de M. Proulx et s'est produit au moment où M. Paul Arcand était en ondes. La bande du 28 août 1990 a été examinée et CJMS a effectivement diffusé la «mise en garde» du «Comité solidarité Lasalle» demandant expressément aux résidants de s'éloigner des barricades de Lasalle. CJMS a interviewé le chef de cet organisme qui a fait la même déclaration. Par l'intermédiaire d'un journaliste sur les lieux, CJMS a annoncé qu'il se passait quelque chose à ce moment-là à Lasalle, de toute évidence un événement d'intérêt.

> La seule fois où M. Proulx a invité ses auditeurs à agir ou à faire quelque chose en particulier, c'est dans le cas suivant. Le 29 août 1990, comme il

l'avait déjà fait dans une autre émission, M. Proulx a invité les résidants de Châteauguay à assister à une assemblée de la Commission scolaire [...].

Monsieur Proulx a également pris soin de formuler toutes ses opinions de telle sorte qu'il était clair qu'il n'était pas entièrement contre la cause autochtone au Canada en général ni contre les Mohawks d'Oka et de Kahnawake. Ce qu'il désapprouvait vivement, c'était les gestes des Warriors et ces gestes étaient au centre de toutes ses observations et opinions. Partant, le Conseil ne peut pas conclure que les propos de M. Proulx visaient un groupe racial en particulier. [...]

Quant à l'allégation concernant la partialité des propos de M. Proulx, il importe de souligner que les radiodiffuseurs ont le droit, grâce à la liberté d'expression garantie par la Charte canadienne des droits et libertés, d'avoir des opinions (y compris des opinions bien arrêtées) sur des questions d'intérêt public, pourvu que l'expression d'opinions divergentes sur ce genre de questions soit permise de manière raisonnable. À cet égard, d'après ce qui a été entendu sur les bandes fournies au Conseil, des tenants de diverses opinions, y compris des autochtones, ont exprimé des points de vue différents. En général, ce qui a été entendu durant l'émission de Gilles Proulx, c'était des propos de l'animateur et des différentes personnes qui l'ont appelé et ces personnes ont pu exprimer librement leur opinion sans être indûment interrompues[51].

Le Conseil a cependant identifié certains passages qu'il qualifie de problématiques. Il s'agit des propos prononcés à la suite de ceux d'un intervenant avec lequel M. Proulx était en désaccord et qui allaient comme suit:

Ta gueule! Espèce d'écoeurant, de salopard! Petit fasciste de la gauche qui rejoint la droite tôt ou tard. Hypocrite! Tu oublies le rôle de cocufié. Hypocrite d''enculé. Petit François [sic] enculé.

Bien que trouvant acceptable, dans leur ensemble, les explications données par la station, le Conseil se dit d'avis que «certains des termes utilisés par monsieur Proulx sont particulièrement malheureux et n'ont pas leur place au niveau d'une programmation de haute qualité[52]».

Le CRTC exprime également un blâme à l'égard de propos de Gilles Proulx prononcés lors de l'émission du 29 août 1990 dans laquelle il parle «d'hypocrisie anglo-saxonne». Le Conseil conclut que l'animateur «proférait contre tout un groupe ethnoculturel clairement identifiable en contexte québécois et canadien une sévère accusation dont la teneur déroge évidemment et incontestablement à l'exigence de haute qualité de la Loi[53]».

Le Conseil fait une distinction avec les désaccords que M. Proulx est libre d'avoir et d'exprimer avec des personnes identifiables appartenant à la communauté anglophone. «Cependant, de là à accuser d'hypocrisie la communauté anglo-saxonne, même en présumant que Jack Todd et *The Gazette* aient pu en quelque sorte prétendre en être les porte-parole, il y a un pas tout à fait critique qui ne doit absolument pas être franchi.» Le Conseil avertit donc la station «qu'il ne saurait tolérer en ondes le genre de propos dont il est question ici et que toute récidive en ce sens pourrait l'amener à agir beaucoup plus sévèrement[54]».

On voit que dans les cas où il juge que les plaintes portent sur des préoccupations sérieuses, le Conseil n'hésite pas à lancer des semonces. L'action plus sévère que peut prendre le Conseil en de tels cas est de convoquer la station à une audience publique afin d'étudier comment la station envisageait ses obligations à l'occasion des événements visés. Les plaintes sont également versées au dossier de l'entreprise et peuvent être examinées lors du renouvellement de sa licence.

Le Conseil possède une grande marge de discrétion à l'égard de la tenue d'une audience publique sur une plainte. L'article 18(3) de la *Loi sur la radiodiffusion* lui reconnaît une faculté de tenir une audience publique sur les plaintes et observations qui lui sont présentées «si le Conseil l'estime dans l'intérêt public». Il tiendra une audience dans les situations où il estime qu'une plainte soulève une question importante pour le système canadien de radiodiffusion dans son ensemble.

QUE FAIRE?

Au type de préoccupations soulevées par les tribunes téléphoniques, on ne peut répondre par la mise en place d'un cadre réglementaire tatillon et rigide. L'impression que l'on peut parfois ressentir à l'effet que certains animateurs ignorent les préceptes énoncés par le CRTC à l'égard des discussions portant sur des questions d'intérêt public en amène certains à préconiser une approche plus stricte. Pourtant, on ne décrète pas la qualité: tout au plus, on peut mettre en place un ensemble ordonné d'incitations à l'amélioration du niveau de qualité dans le traitement de questions suscitant la controverse.

Il s'agit donc de savoir quelles sont les meilleures techniques de réglementation susceptibles d'engendrer le résultat recherché: soit un accroissement de la qualité des émissions de tribunes téléphoniques. L'accroissement du niveau de qualité des tribunes téléphoniques résultera d'un ensemble cohérent de techniques de réglementation mettant à profit aussi bien les volontés qui existent chez les diffuseurs qu'un ensemble gradué et nuancé de mesures impératives dans les situations qui le justifient. Le CRTC, qui possède toutes les prérogatives pour agir en ce sens, a manifestement opté pour une telle approche à l'égard des tribunes téléphoniques.

La technique de réglementation utilisée par le Conseil afin d'assurer que les exigences d'équilibre et de haute qualité soient respectées en matière de tribunes téléphoniques repose essentiellement sur l'obligation faite à la station de se donner des lignes directrices. Les exigences découlant de ces lignes directrices seront ensuite intégrées aux conditions de licence de la station: ce qui a pour effet de leur conférer un caractère impératif. Cette approche n'est utilisée qu'à l'égard des stations qui font l'objet de plaintes sérieuses et fréquentes quant à leur façon de conduire les tribunes téléphoniques. En somme, on évite d'imposer à tous un cadre réglementaire destiné à contenir les abus d'un petit nombre.

Voilà sans doute l'approche la plus compatible avec les exigences de la liberté d'expression. La mise en place de mesures qui viendraient indiquer, de façon impérative, aux radiodiffuseurs comment conduire les émissions de tribunes téléphoniques s'accorderait sans doute fort mal de cette nécessité de trouver un point d'équilibre entre la qualité des émissions et la liberté éditoriale dans un contexte où cette liberté des diffuseurs est protégée par des textes constitutionnels.

NOTES

1. Le Conseil de la radiodiffusion et des télécommunications canadiennes a vu son statut modifié en 1975 lorsqu'il a acquis compétence à l'égard des entreprises de télécommunications relevant de la compétence fédérale. Voir: *Loi sur le Conseil de la radiodiffusion et des télécommunications canadiennes,* L.R.C. 1985, c. C-22; voir aussi: Pierre Trudel et France Abran, *Droit de la radio et de la télévision,* Montréal, Éditions Thémis, 1991, p. 173 à 242; Donna Soble Kaufman, *Broadcasting Law in Canada Fairness in the Administrative Process,* Toronto, Carswell, 1987. Sur la structure et le fonctionnement du Conseil, voir: Marie-Philippe Bouchard, Michèle Gamache et Mireille Beaudet, *La réglementation des entreprises de radiodiffusion par le Conseil de la radiodiffusion et des télécommunications canadiennes,* Rapport préparé pour le Groupe de travail sur la politique de la radiodiffusion, Montréal, Centre de recherche en droit public, 1986, p. 11.

2. *Loi sur la radiodiffusion,* L.C. 1991, c. 11, art. 5.

3. La loi énonce également le statut du service public national de radiodiffusion, dont la responsabilité revient à la Société Radio-Canada. Voir: *Loi sur la radiodiffusion,* art. 35 et suiv.

4. Sheridan Scott, «The New Broadcasting Act: An Analysis», (1990-1991) 1 *Media and Communications Law Rev.,* 25, p. 43.

5. Voir: Pierre Trudel et France Abran, *Droit de la radio et de la télévision,* Montréal, Éditions Thémis, 1991, p. 264 et ss.

6. *Loi sur la radiodiffusion,* art. 26-30.

7. *Idem,* art. 10.

8. *Idem,* art.

9. *Idem,* art. 12.

10. *Règlement de 1986 sur la radio,* (1986) 120 *Gaz. Can.* II, 4192; modifié par (1988) 122 *Gaz. Can.* II, 4511; (1989) 123 *Gaz. Can.* II, 1924, art. 3e).

11. Sur cette question, voir: Pierre Trudel, «Le standard de programmation de haute qualité dans la législation sur la radio et la télévision», (1989), 34 *R. D. McGill,* p. 203.

12. Voir en général: Peter G. Cook, *The Concept of Balance in the Supervision and Regulation of Canadian Broadcasting: Public Issues and CRTC Policies,*

mémoire de maîtrise, Burnaby, Department of Communication, Simon Fraser University, 1982.

13. L'audience eut lieu du 15 au 17 juin 1965.

14. BGR, Circulaire nº 103, 27 mai 1964, *Sujets sexuels aux émissions de type ligne ouverte.*

15. CRTC, Décision 76-553, 23 août 1976, *Radio NW New Westminster (Colombie- Britannique)*, 2 R.T.C., p. 250.

16. *Idem.*

17. *Idem*, p. 251.

18. CRTC, Décision 76-681, 23 septembre 1976, *Radio Futura Ltée.*

19. [1971] C.F. 498, 513.

20. *Idem*, 514.

21. Ne sont évoqués ici que les principes se rattachant directement au traitement des questions controversées. Les principes mis de l'avant par le rapport sur l'émission *Air of Death* demeurent pertinents relativement à d'autres questions traitées ailleurs dans le présent ouvrage.

22. *Rapport du Comité spécial sur l'émission «Air of Death»*, CRTC, Avis public, 9 juillet 1970, dans Pierre Trudel, *Droit de l'information et de la communication, Notes et documents*, Montréal, Éditions Thémis, 1984 , p. 490.

23. CRTC, Décision 88-694, 29 septembre 1988, *Vancouver Co-Operative Radio.*

24. *Idem*, p. 6.

25. *Idem*, p. 7.

26. Voir: Sylvie Latour, *La fonction du standard de haute qualité dans la législation sur la radio et la télévision*, mémoire présenté à la Faculté des études supérieures en vue de l'obtention du grade de maîtrise en droit, Université de Montréal, décembre 1991.

27. CRTC, Avis public 1983-187, 17 août 1983, 9 R.T.C. (Partie 2), p. 90.

28. *Idem*, p. 87.

29. *Idem*, p. 90.

30. CRTC, Avis public 1987-196, 1er septembre 1987.

31. *Idem*, p. 2 et 3. L'avis public rapporte que l'animateur avait qualifié les coutumes vestimentaires des Amérindiens et leurs chants traditionnels de «fatiguants, enfantins, et immatures dans tous les sens du terme». L'animateur avait aussi déclaré qu'ils choisissaient de vivre dans des conditions

sordides dans les réserves par paresse. À une autre occasion, il devait déclarer, toujours à propos des autochtones: «ce que ces gens oublient, et c'est ce qui m'*agace*, c'est qu'ils croient que le monde tourne autour de leur pénis, et ce n'est pas le cas».

32. *Idem*, p. 5 et 6.

33. *Idem*, p. 6.

34. CRTC, Avis public 1984-159, 28 juin 1984, *Radiodiffusion controversée – Plaintes formulées contre la station CFCF de Montréal*, p. 3.

35. *Idem*, p. 6.

36. Le CRTC a toutefois reconnu, à titre de circonstances atténuantes, que la station avait admis son erreur et s'était excusée.

37. CRTC, Avis public 1988-121, 29 juillet 1988, *Projet de lignes directrices concernant les tribunes téléphoniques*.

38. *Idem*, p. 2.

39. *Idem*, p. 2 et 3.

40. *Idem*, p. 3.

41. *Idem*, p. 9 et 10.

42. *Idem*, p. 10 et 11.

43. *Idem*, p. 11 et 12.

44. CRTC, Avis public 1988-213, 23 décembre 1988, *Politique en matière de tribunes téléphoniques*.

45. CRTC, Décision 88-887, 23 décembre 1988, *CJRN 710 Inc.*; CRTC, Décision 88-888, 23 décembre 1988, *Les entreprises de radiodiffusion de la Capitale inc.*

46. CRTC, Décision 90-772, 20 août 1990, *Les entreprises de radiodiffusion de la Capitale inc.* Voir: Jean-Philippe Mikus, «Y a-t-il un martyr derrière ce micro?: la décision CHRC-Québec et le contrôle des tribunes téléphoniques», (1991), 25, *Revue juridique Thémis*, 165-191.

47. Voir: Martine Turenne, «'J'irai cracher sur votre tombe!' La tribune téléphonique d'André Arthur patauge dans l'indécence», *Le Devoir*, 16 septembre 1993, p. B-9. On rapporte dans cet article que l'animateur de la station CHRC a traité le ministre des Finances du Québec, atteint d'une grave maladie, d'«agonisant irresponsable» tandis que certains auditeurs ayant pris part à l'émission ont souhaité qu'il «crève au plus vite», certains allant même jusqu'à inviter la population à aller «cracher sur sa tombe». Nous sommes de ceux qui croient qu'il n'est pas acceptable de traiter ainsi un être humain dans une société libre et démocratique.

48. CRTC, *Rapport annuel 1989-1990*, Ottawa, ministère des Approvisionnements et Services Canada, 1990, p. 35.

49. Sur le traitement des plaintes, voir l'étude de Liora Salter et Peter Anderson, *Responsive Broadcasting A Report on the Mechanism to Handle Complaints about the Content of Broadcast Programs*, Rapport préparé pour le ministère des Communications, 2 vols., Ottawa, 1985.

50. Lettre d'Allan J. Darling à Gaétan Lefebvre, 9 novembre 1990.

51. Idem.

52. Lettre d'Allan Darling à Michel Arpin le 5 février 1991.

53. Lettre d'Allan Darling à Michel Arpin, 11 février 1991.

54. *Idem.*

Un remède pire que le mal

Laurent Laplante

La légende veut que, dans l'ancienne Bagdad, le calife Harun Al-Rachid se soit préoccupé un jour de ce que le peuple pensait de lui. Méfiant comme tous les potentats, il aurait choisi de ne pas s'en remettre à ce que son vizir ou ses courtisans pouvaient lui affirmer. Il aurait donc arpenté, nuitamment, les rues de sa capitale en écoutant les gens. C'est ainsi, paraît-il, qu'il aurait découvert que son entourage immédiat exploitait le peuple tout en présentant le calife comme le responsable de tous les maux.

Ce n'est certes pas le seul cas où le pouvoir a éprouvé le désir de lancer des coups de sonde dans le peuple, ne serait-ce que pour jauger plus correctement l'opinion publique de manière à gouverner en conséquence. En effet, l'histoire de Triboulet témoigne, elle aussi, mais d'une autre manière, de la même préoccupation. Fou du roi sous Louis XII et François 1er, Triboulet avait le droit de dire tout haut et sous le couvert d'une sorte d'immunité ce que les autres pensaient très probablement sans oser le dire. Peut-être n'y a-t-il pas dans ce fait de lien de cause à effet, mais Triboulet mourut à l'âge assez peu vénérable de 38 ans.

Un peu plus près de nous, Napoléon voulut, bien qu'autocrate impénitent, créer lui aussi un certain espace où il serait possible au citoyen modeste d'interroger le pouvoir et même de lui demander un changement de trajectoire. Bien sûr, il ne vit pas la nécessité d'un tel espace à proximité de son trône. En revanche, il estima que Bernadotte, à qui il demandait de régner sur une certaine Scandinavie, avait besoin d'un ombudsman, c'est-à-dire d'un homme capable de recevoir les doléances des citoyens et de plaider leurs causes devant le pouvoir. Non seulement la formule convint et convient toujours aux Suédois, qui possèdent maintenant plusieurs ombudsman, mais elle a pris racine dans presque tous les pays où le pouvoir a l'humilité d'admettre qu'il lui arrive de se tromper et l'habileté de laisser entendre qu'il est prêt à s'amender. Mafia et Cosa Nostra aussi, semble-t-il, ont senti le besoin de ménager une soupape à côté de la redoutable autorité du tout-puissant parrain. Sans attendre les analyses des Hautes Études commerciales, chaque «famille» a donc créé le poste de «consigliere» et confié à son titulaire une fonction «horizontale», c'est-à-dire une tâche où il est possible de *conseiller*, le terme le dit, sans participer à la mise en vigueur des décisions. Le «consigliere» a la confiance du «padrone», car, comme il a presque toujours atteint cet âge avancé ou prudent où l'ambition se calme et où le verbe apprend le dosage et le calcul, il ne vise pas ou ne vise plus à devenir chef de la famille lui-même. Il est donc possible pour les «caporegimas» et même pour ceux qui font partie de la simple infanterie de passer par lui pour faire valoir auprès du chef suprême les griefs de la base ou encore les circonstances atténuantes qu'un gaffeur aimerait présenter pour expliquer le ratage d'un quelconque projet.

Tendance cent fois constatée que celle-là, par conséquent. Besoin ressenti de façon récurrente dans les contextes les plus différents. Modes multiples et souples d'amener le pouvoir à se montrer au moins occasionnellement capable d'écouter sans colère ni rancune. En somme, une constante.

À tort ou à raison, j'ai le sentiment que c'est à partir de ce besoin, de cette tradition, de cette constante qu'on voudrait aujourd'hui légitimer et même canoniser les tribunes téléphoniques: elles constitueraient pour le «monde ordinaire» une possibilité précieuse et presque unique de donner la parole aux sans-voix et de rappeler le pouvoir à l'ordre sans les risques que comporte normalement pareille audace. Il faudrait donc, selon cette thèse, les valoriser comme la plus extraordinaire invention de la démocratie depuis l'immunité parlementaire.

Quoi qu'il en soit de la théorie, l'utilisation faite devant nous de ce procédé laisse tellement à désirer que les tribunes téléphoniques me paraissent, dans le Québec des années 1990, une véritable plaie sociale. Inutile et même malsain de prétendre y voir un signe de santé démocratique. L'alternative dans laquelle nous sommes enfermés ne souffre donc pas d'échappatoire: ou l'on parviendra, sans pour autant verser dans la censure, à civiliser quelque peu les tribunes téléphoniques, ou elles continueront à nuire plus qu'à aider. Je suis personnellement plutôt pessimiste quant à notre aptitude à tailler un espace respirable entre les deux écueils. Je répète, pour que ne subsiste aucune équivoque, qu'entre les deux maux que sont la grossièreté presque intrinsèques des tribunes téléphoniques et la censure qui y mettrait fin, j'opte nettement, malgré tout, pour le moindre mal: je me résigne à ce que certains micros demeurent gluants plutôt que d'en voir le contrôle entre les mains de bureaucrates ou même d'élus.

Je généralise? À peine. Et si je le fais, c'est consciemment et sans vergogne tant sont rares les îlots de décence qui émergent de l'océan de grossièreté dans lequel nous plongent aujourd'hui les tribunes téléphoniques québécoises. Si je ne souhaite pas que les tribunes téléphoniques étouffent sous la censure, je souhaite néanmoins que celles qui nous assaillent disparaissent du décor. La très grande majorité d'entre elles ne méritent, en effet, aucun respect.

LA REPRÉSENTATIVITÉ

Le premier mythe à faire crever à propos des tribunes téléphoniques, c'est celui de leur représentativité. Ni de près ni de loin, ces ramassis d'affirmations abruptes et de préjugés belliqueux n'ont, en effet, le droit de se dire typiques de ce que pense la population.

Conclusion brutale? Oui, mais qui s'appuie autant sur les règles académiques de la représentativité que sur le bon sens quotidien. D'une part, en effet, aucune des conditions qu'exige un sondage scientifique n'est remplie par la tribune téléphonique. D'autre part, il est vite patent, pour quiconque accepte de subir pendant quelque temps le matraquage de ces tribunes, que l'antenne y est généralement accaparée par un cercle relativement restreint d'habitués: toujours les mêmes disant toujours les mêmes choses.

Cela, la plupart des animateurs de tribunes téléphoniques, bon gré mal gré, finissent par en convenir. Malheureusement, ils n'ont pas sitôt entrepris de confesser les faiblesses congénitales de leurs petites enquêtes radiophoniques qu'ils se remettent en orbite pour conclure, malgré tout et sans avoir l'air d'y toucher, que «83 % des auditeurs sont en faveur de la construction d'un deuxième Colisée» ou qu'«une large majorité souhaite la diminution de l'immigration». En somme, bien que la formule soit inapte à assurer la représentativité, elle agit dans les faits comme si ses relevés avaient «quand même» valeur probante. Ce qui était une simple faiblesse devient une faute.

Radio-Canada, il est vrai, a multiplié les efforts au cours des ans pour éviter que sa tribune téléphonique devienne la vitrine d'une petite clique d'habitués. Il y a là une louable préoccupation de tromper le public le moins possible, mais on admettra quand même ceci: en élargissant quelque peu l'assiette, on ne garantit pourtant pas beaucoup plus la représentativité de l'ensemble.

Ajoutons deux autres observations qui vont dans le même sens. La première, c'est qu'il faut une assez bonne dose d'exhibitionnisme et sans doute aussi de masochisme pour s'offrir et offrir ses idées en pâture au voyeurisme collectif dans d'aussi mauvaises conditions. En effet, minutes et secondes sont comptées, à tel point que l'intervenant moyen y termine rarement ses phrases; chacun tente de se faire valoir pendant que les prochains intervenants trépignent d'impatience; l'animateur garde constamment son doigt tout-puissant sur l'interrupteur pour empêcher toute «indiscipline» dans l'orientation du débat... Rien d'enthousiasmant ni de propice au véritable échange culturel dans une telle foire d'empoigne. J'ose penser que ce goût de l'auto-immolation en public ne se retrouve que dans une minorité des humains. D'où la place prise par les extrovertis dans les tribunes téléphoniques. D'où la nécessité, même pour les esprits normalement pondérés, de verser ici dans la caricature, le raccourci, le gros trait. La deuxième observation, c'est que les tribunes téléphoniques sont si faciles à intoxiquer que n'importe quel groupe un tant soit peu décidé réussit l'opération. Tel jour, en raison du sujet de discussion ou de la personne invitée, le mouvement «pro-vie» accapare les ondes. Le lendemain, pour un motif comparable, un autre groupe de pression réussit son propre monopole des lignes téléphoniques. Bien sûr, dans chaque cas, on veut créer l'impression que la fameuse majorité silencieuse est massivement en faveur de telle thèse.

De telles intoxications des ondes ont été cent fois réussies sans que les animateurs et les diffuseurs en aient été vraiment gênés. De deux choses l'une: ou bien ils n'ont pas vu que tel groupe de pression faisait main basse sur les lignes téléphoniques de leur émission, ou bien ils ont bel et bien senti ce téléguidage de l'opinion, mais s'en sont désintéressés. Dans le premier cas, l'incompétence est manifeste; dans l'autre hypothèse, le manque de rigueur et de respect du public saute aux oreilles.

LA NEUTRALITÉ DE L'ANIMATION

Un autre mythe qui mérite de périr d'urgence, c'est celui de la neutralité de l'animation. Ce mythe n'existe pas? Les gens savent bien que l'animateur n'est pas neutre? Ce n'est malheureusement pas si certain. Beaucoup, qu'écrase et méduse un certain vedettariat, confondent en tout cas les faits et ce qu'en dit leur amuseur préféré. Pour ceux-là, qui constituent une portion importante sinon majoritaire du public des tribunes téléphoniques, tout se passe comme si les opinions de l'animateur avaient valeur de référence suprême.

En effet, aux yeux (et aux oreilles) d'un certain public, les distinctions pourtant essentielles qui existent entre compte rendu et opinion, entre information et éditorial, entre rumeur et certitude sont d'autant moins perceptibles et d'autant moins perçues que les voix les plus fréquemment entendues de lui ne respectent aucune de ces distinctions. Quand, par exemple, l'animateur d'une tribune téléphonique largement écoutée présente systématiquement ses conclusions personnelles comme autant de faits vérifiés et indiscutables, on peut parier, surtout si l'individu est talentueux, qu'un certain public en viendra, plutôt tôt que tard, à ériger les préjugés de cet individu en évidences incontournables. Tous les hommes politiques seront considérés comme des «guenilles». Tous les policiers seront des sadiques. Tous les fonctionnaires des parasites et des paresseux. Tous ceux qui plaideront en faveur de la décence des fascistes opposés à la liberté d'expression...

Ce risque n'existe pas, me dira-t-on, car nous ne sommes pas en régime de monopole idéologique: «Les gens n'écoutent pas seulement une source d'information et ils ont donc constamment la chance de confronter la version de l'un avec la thèse de l'autre». Malgré sa faiblesse, ce genre de sophisme réussit, aujourd'hui encore, un assez bon kilométrage. Comme si les auditeurs de Gilles Proulx ou d'André Arthur étaient aussi de fidèles lecteurs du *Devoir* ou de *Relations*! Comme si l'auditoire global québécois ne se segmentait pas en une série de cercles plus restreints qui, par leur étanchéité et leur totale imperméabilité à l'égard du reste du monde, deviennent de véritables ghettos. Quand la parole du «gourou» prend un tel prestige, rien ne sert d'évoquer les théories rassurantes sur l'existence d'une large gamme de médias différents: peu importe que d'autres voix ergotent, la sienne a valeur d'évangile.

Le malentendu provient aussi, au moins en partie, de ce que les animateurs de tribunes téléphoniques prétendent être des journalistes et se présentent sous cette épithète. Or, à de très rares exceptions près, celle de Radio-Canada au premier chef, ces gens s'apparentent non pas aux journalistes, mais aux éditorialistes. Ils n'ont pas la rigueur des premiers, mais ils empruntent aux seconds le droit d'émettre des opinions. Le drame, c'est qu'en plus de ne pas s'astreindre, comme les journalistes, à la recherche des faits, ils montrent pour les thèses d'autrui plus de mépris que n'en manifestent normalement les éditorialistes. Ils ne cherchent pas les faits, mais leur triomphe. Ils n'éclairent pas les deux côtés de la médaille; ils plaident en faveur de l'hypothèse qui convient le mieux à leur tempérament ou à leur cote d'écoute et ils dévalorisent avec la dernière mesquinerie tout raisonnement qui s'éloigne du leur.

La meilleure (ou la pire) preuve en est la triste habitude qu'ont plusieurs de ces animateurs prétendument neutres de porter jugement sur l'avis de leur interlocuteur aussitôt que celui-ci a quitté l'antenne (ou que l'antenne l'a quitté). Le résultat ressemble alors à ceci: «Vous venez d'entendre le sous-ministre Untel (ou le docteur Untel) qui a essayé de nous faire croire que les bureaucrates ont raison de mettre la clé dans la porte des hôpitaux pendant l'été...» Ce qui, le plus souvent, ne correspond aucunement aux propos tenus par l'invité. Ce qu'on n'a d'ailleurs pas exprimé clairement au moment où l'invité avait encore la possibilité d'effectuer une mise au point.

Si, au lieu d'une personnalité identifiable, c'est un intervenant anonyme qui s'est exprimé, le verdict de l'animateur tombe souvent plus sadiquement encore: «Encore une pauvre folle qui ne doit même pas être capable de faire du café buvable et qui se mêle d'avoir des opinions politiques...»

Comme ces pratiques trompeuses sont devenues la règle et constituent une pratique quotidienne, un cercle vicieux en résulte tout naturellement. Ceux et celles qui professent des idées autres que celles de l'animateur vont, à moins d'être touchés par un masochisme à haut indice d'octane, se tenir à distance de sa tribune téléphonique. L'animateuréditorialiste recevra donc des appels de mieux en mieux homogénéisés. Certains accélèrent d'ailleurs le processus en éliminant avant même leur diffusion en ondes les interventions qui ne leur conviennent pas. En faut-il beaucoup plus pour que le public à l'écoute aie l'impression que les idées de M. l'Animateur reçoivent l'appui d'une très large majorité?

L'UTILE CRITIQUE DU POUVOIR

Un autre mythe, tout aussi invraisemblable, se montre tout aussi tenace: celui selon lequel les tribunes téléphoniques offrent aux citoyens ordinaires la possibilité irremplaçable de critiquer le pouvoir et de s'en faire entendre. À y regarder de près, on constate, en effet, l'inverse: ces tribunes constituent un défoulement trompeur dont quelques-uns peuvent se satisfaire, mais elles n'ont rien qui puisse inquiéter ceux qui détiennent le pouvoir politique ou économique. Si, à l'occasion, la tribune téléphonique modifie la répartition du pouvoir, ce n'est pas pour accroître celui des gens ordinaires, mais pour gonfler celui des animateurs eux-mêmes. Ce n'est pas la même chose. On voit à quel point le plus important préalable idéologique de la formule résiste mal à l'examen. La théorie veut, en effet, que la tribune téléphonique accroisse le pouvoir de la base et réduise celui des nantis. La formule agirait, nous dit-on, comme toute révolution doit, théoriquement, se comporter: ce qu'on enlève aux tsars d'avant 1917, on le transférera aux moujiks; ce qu'on enlève à la noblesse d'avant 1789, on le remettra aux paysans; ce que Robin des bois prélève sur les convois de gens riches il le redistribue aux manants. De même, la tribune téléphonique, en donnant une voix aux sans-voix, redistribuerait le tonnerre qu'est l'intervention publique.

Le problème, c'est que personne, sauf ceux et celles qui en sont les victimes, n'est dupe de ce rituel. Le gouvernant qui possède le moindrement d'expérience sait à quel point la tribune téléphonique est factice et révèle peu de chose sur l'opinion publique. Si, d'ailleurs, l'élu veut en savoir plus long sur cette opinion publique, il ne manque pas d'instruments plus révélateurs. Qu'il puisse être agacé par les propos tenus lors des tribunes téléphoniques, c'est possible; qu'il en soit menacé, c'est autre chose.

N'oublions pas, d'autre part, que les tribunes téléphoniques, à l'exception encore une fois de celle de Radio-Canada, accordent à tous leurs intervenants le plus complaisant des anonymats. Si certains en déduisent que cela accroît la marge de manoeuvre des gens en leur faisant courir moins de risques, tel n'est pas mon sentiment. Le pouvoir, en effet, aime bien savoir à qui *nommément* il appartient. Il y a, en d'autres termes, véritable transfert de pouvoir si une personne bien identifiée est là pour recevoir le pouvoir que l'autre perd. Plus concrètement encore, l'anonyme qui l'emporterait à l'occasion d'un débat présenté dans le cadre d'une tribune téléphonique n'a, en fait, rien gagné. Il ne peut même pas se promener en public en brandissant sa victoire. Il est soulagé? Soit. Il est fier de sa performance? Soit. Il n'aura pourtant conquis du pouvoir que le jour où il pourra, à visière levée, se tenir debout devant le pouvoir. Les victoires anonymes, à mon sens, ne font qu'endormir les gens ordinaires dans le sentiment qu'ils ont gagné quelque chose.

À l'inverse, le dirigeant qui perd une discussion avec un anonyme voit sa propre crédibilité diminuer, mais sans que cela profite à cet anonyme.

Soyons clair. Une tribune téléphonique met couramment en présence trois voix: celle de l'animateur, celle d'une personnalité à laquelle l'animateur a décidé de demander des comptes, celle du public anonyme. Mon sentiment est que la répartition du pouvoir qui existe au début du rituel téléphonique ne peut guère se modifier qu'en faveur de l'animateur. Il arrive que la personnalité invitée perde des plumes, mais ce n'est pas le public qui les recueille. Selon toute probabilité, si réalignement du pouvoir il y a, ce ne peut être qu'en faveur de l'animateur. Le public, lui, n'est là que pour enregistrer les coups qui se donnent ou se perdent.

Dès lors, la tribune téléphonique n'a rien du mécanisme démocratique que l'on prétend nous vendre. Si elle a pour effet de conférer du pouvoir à des animateurs plus démagogues que nécessaire, elle n'a pas pour corollaire de donner aux citoyens eux-mêmes une meilleure prise sur leur destin. Elle se permet d'ailleurs un petit cynisme supplémentaire: elle laisse à ceux et celles qui voient ainsi le pouvoir passer devant eux le sentiment qu'il en ont reçu une partie. Ce n'est pas vrai, mais ils le croient. Quand les gens en arrivent ainsi, grâce à la tribune téléphonique, à ne même plus voir leur impuissance, il est permis de considérer la formule comme un opium du peuple.

UNE RÉFORME EST-ELLE PENSABLE?

Pour que la tribune téléphonique devienne moins nocive et se rapproche même quelque peu de son intention censément démocratique, divers virages sont requis. Des virages si brusques qu'il ne faut guère s'illusionner sur les chances d'une réforme.

En tout premier lieu, il faudrait que les stations de radio du secteur privé se découvrent enfin suffisamment d'éthique pour mettre en ondes seulement les voix qui consentent à s'identifier. Bien sûr, des exceptions sont pensables, comme le savent déjà les journaux qui, à l'occasion, publient une lettre de lecteur sans révéler le nom de l'auteur. Mais il s'agit, justement, d'exceptions. Dans la plupart des cas, le journal ne consent d'ailleurs à préserver l'anonymat de son correspondant qu'à condition de savoir lui-même à qui il a affaire et à condition d'avoir la preuve que la révélation de l'identité irait à l'encontre du bien commun. La radio privée ne nous a pas habitués encore à une telle déontologie.

Pourquoi est-il si important de purifier les tribunes téléphoniques de leur anonymat actuel? Pour deux raisons principales. D'une part, pour que devienne possible le transfert de pouvoir dont il était question tantôt. D'autre part, pour éliminer ou du moins réduire quelque peu la grossièreté des propos tenus en ondes.

Il n'y aura, je le répète, de véritable transfert de pouvoir au profit des citoyens que si les intervenants s'identifient et peuvent ainsi s'approprier le crédit de leurs propos. Aussi longtemps que les gens parleront sous le couvert de l'anonymat, ils tireront les marrons du feu pour ces parasites sociaux que sont la plupart des animateurs de tribunes téléphoniques. Si, au contraire, c'est une personne avec une identité bien établie qui conteste les propos d'un homme public ou d'un dirigeant d'entreprise, l'animateur ne peut plus s'approprier le mérite de la recherche ni le crédit de l'argumentation.

Par ailleurs, oui, je pense qu'en éliminant les interventions anonymes on éliminera du même coup un certain nombre de commentaires grossiers, futiles, irresponsables.

Mais, me dira-t-on, la majeure partie de la grossièreté ne vient-elle pas des animateurs eux-mêmes? Or, ils n'ont rien d'anonyme! Cela est vrai et me conduit à deux autres commentaires. L'un a trait à notre système de radiodiffusion, l'autre aux choix sociaux qui sont encore possibles.

Dans notre système de radiodiffusion, la cote d'écoute est, on le sait, l'étalon suprême. L'animateur qui séduit le plus vaste auditoire attire les plus forts budgets de publicité et, par voie de conséquence, «mérite» le plus gros salaire. Il n'en faut pas davantage pour que s'enclenche la surenchère à laquelle nous assistons et qui donne aux tribunes téléphoniques du secteur privé toute leur morbidité. Ainsi le veut le système. Telle est du moins la compréhension du système que les radiodiffuseurs appliquent quotidiennement. C'est dire qu'à moins de remettre en question la «logique marchande» qui gouverne notre monde de la radiodiffusion, l'animateur de tribune téléphonique demeurera toujours invité à tout mettre en oeuvre pour «intéresser» le plus grand nombre possible. Même si cela veut dire situer le dénominateur commun le plus bas possible.

Dans ce contexte, le seul espoir, c'est que les personnes agressées ou salies par de telles émissions radiophoniques fassent appel plus fréquemment et avec plus de détermination aux tribunaux. C'est un choix personnel et un choix social qui est toujours possible et auquel les gens recourent trop peu. Il est étonnant, en effet, de constater que bien peu des personnes salies par des émissions carrément ordurières font appel aux tribunaux et que moins encore vont jusqu'au bout des procédures. Certes, les coûts de ces poursuites dépassent souvent la capacité de payer des citoyens moyens, mais cela n'explique quand même pas que tant de poursuites aient abouti à des accords hors cour. Chose certaine, même quand la personne lésée a ainsi obtenu une compensation pécuniaire, elle n'a pas pour autant démontré publiquement que la grossièreté radiophonique a, quoi qu'on en dise, des limites. Dans ce domaine, triompher discrètement, c'est presque encourager le vice...

On le voit, l'espoir est mince. En outre, il risque fort de devenir plus fragile encore à mesure que les moeurs américaines nous imprégneront davantage. Dans peu de temps, en effet, nos tribunaux eux-mêmes, suivant en cela l'exemple de nos voisins du sud, accorderont probablement plus d'importance à la liberté d'expression qu'à la protection des réputations. Certains de nos animateurs de tribunes téléphoniques en profiteront pour parfaire le beau travail qu'ils ont déjà entrepris : ils continueront à maquiller leur salissage et leur démagogie en liberté de presse. Ce ne sera pas plus qu'aujourd'hui un sain usage de la liberté de presse, mais ce sera, pour notre société, le prix à payer pour vivre en démocratie.

Références bibliographiques

Texte de Florian Sauvageau

BIENVENUE-CÔTÉ, Jacqueline *et al.*, *Saint-Georges Côté, un géant parmi les grands*, Longueuil, Centre de diffusion La Bonne nouvelle, 1983 (coll. Je me souviens).

BOISVERT, Yves, «Le "bum" de la radio saguenéenne est encore menacé de poursuite», *La Presse*, 17 décembre 1994.

BOUCHARD, Denis, «Cégep de Jonquière contre Louis Champagne: La mise en demeure devient une action de 10 millions $», *Le Quotidien du Saguenay–Lac-Saint-Jean*, 28 janvier 1995, p. 2.

CAUCHON, Paul, «"Les indiens, c'est vendeur": sérieux malaise dans le traitement médiatique des affaires autochtones», *Le Devoir*, 28 mars 1994, p. A-1.

COX, Kevin, «Lawyer-novelist Becomes an On-air Devil's Advocate», *The Globe & Mail*, 16 juillet 1994.

EGAN, Timothy, «Triumph Leaves No Targets For conservative Talk Shows», *The New-York Times*, 1er janvier 1995, p. Y-11.

FOTHERINGHAM, Allan, «Open-mouth Radio: Shouting Stars», *Maclean's*, 16 mai 1994.

GAGNON, Jean-Louis, *Les enfants de McLuhan*, Montréal, Leméac, 1994.

GAGNON, Lysianne, «Feu CKAC», *La Presse*, 4 octobre 1994, p. B-3.

GARNEAU, Marilyne, «Rivard poursuit André Arthur personnellement pour 325 000 $», *Le Journal de Québec*, 31 janvier 1995, p. 4.

HÉNAULT, Richard, «Propos jugés diffamatoires: La SAQ poursuit André Arthur pour 750 000 $», *Le Soleil*, 28 janvier 1995, p. A-3.

HOYT, Mike. «Talk Radio: Turning up the Volume», *Columbia Journalism Review*, novembre/décembre 1992, p. 45-50.

LAVOIE, Elzéar, «La radio: loisir méconnu», Jean-Paul BAILLARGEON (dir.), *Les pratiques culturelles des Québécois: une autre image de nous-mêmes*, Québec, Institut québécois de recherche sur la culture, 1986, p. 233-273.

MAKIN, Kirk, «Brrring... Brrring: You're on the air», *The Globe & Mail*, 16 juillet 1994.

PICARD, André, «The Pitbull of Québec Radio is the Open-line Top Dog», *The Globe & Mail*, 16 juillet 1994.

PROULX, Gilles, *La radio d'hier à aujourd'hui*, Montréal, Libre Expression, 1986, 187 p.

SEELYE, Katharine Q., «Talk Radio Hosts Answer a Political Call», *The New-York Times*, 1er avril 1994, p. A-1.

TURENNE, Martine, «"J'irai cracher sur votre tombe!": La tribune téléphonique d'André Arthur patauge dans l'indécence», *Le Devoir*, 16 septembre 1994, p. B-9.

WETHMORE, E.J., *The Magic Medium: An Introduction to Radio in America*, Belmont, Wadsworth Publishing, 1981.

Texte de Marie-Hélène Lavoie

AUDET, Madeleine, «L'irréversible mutation de la radio MA», *Le Devoir*, 9 juillet 1991.

CHARRON, Jean et Jacques LEMIEUX, «Les médias, les sources et la production de l'information», CHARRON, LEMIEUX, SAUVAGEAU, *Les journalistes, les médias et leurs sources*, Montréal, Gaëtan Morin Éditeur, 1991, p. 1-29.

CÔTÉ, Claude, «CJMT paie 200 000 $ à Louis Champagne», *Le Quotidien*, 25 juillet 1990.

FERLAND, Isabelle, «Le CRTC renforce ses règles sur les tribunes téléphoniques», *Le Devoir*, 5 août 1988, p. 9.

FUNÈS, Nathalie, «Qui écoute la radio? Une comparaison internationale», Jean-Marie CHARON et Florian SAUVAGEAU (dir.), *L'état des médias*, Montréal: Boréal; Paris: La Découverte – Médiaspouvoirs – CFPJ, 1991, p. 196-202.

GODIN, Pierre, *La lutte pour l'information: Histoire de la presse écrite au Québec*, Montréal, Le Jour éditeur, 1981, 317 p.

Gouvernement du Québec, *Rapport statistique sur les médias québécois*, Québec, ministère des Communications, 1989, 118 p.

LAVOIE, Elzéar, «La radio: loisir méconnu», Jean-Paul BAILLARGEON (dir.), *Les pratiques culturelles des Québécois: une autre image de nous-mêmes*, Québec, Institut québécois de recherche sur la culture, 1986, p. 233-273.

LEMAY, Daniel, «Les combats et les croisades de Gilles Proulx créent l'impact», *La Presse*, 27 octobre 1990, p. D-14.

————, «En direct et sans filet, André Arthur 'fait plaisir au monde'», *La Presse*, 27 octobre 1990, p. D-1.

LEMELIN, Serge, «Champagne passe à CKRS-Radio», *Le Quotidien*, 3 décembre 1991.

————, «CKRS et CJAB auraient été achetées», *Le Quotidien*, 7 novembre 1991.

LENDEN, Lise, «La radio à l'heure des réseaux et de l'autoréglementation», Gaëtan TREMBLAY (dir.), *Les industries de la communication au Québec et au Canada*, Québec, Presses de l'Université du Québec et Télé-Université, 1990, p. 223-242.

LEVIN, Murray B., *Talk Radio And The American Dream*, Lexington, Lexington Books, 1987, 169 p.

MIKUS, Jean-Philippe, «'Y-a-t-il un martyr derrière ce micro?': la décision CHRC – Québec et le contrôle des tribunes téléphoniques», *La revue juridique Thémis*, vol. 25, n° 1, 1991, p. 165-191.

PROULX, Gilles, *La radio d'hier à aujourd'hui*, Montréal, Libre Expression, 1986, 187 p.

RHEAULT, Ghislaine, «Autre pénitence d'un an pour CHRC: le CRTC émet un nouveau permis limité de diffusion», *Le Soleil*, 9 juillet 1991, p. 1.

SAINT-LAURENT, Michel, *Les tribunes téléphoniques à la radio québécoise*, Document de recherche, Québec, Institut québécois de recherche sur la culture, 1989, 30 p.

TRUDEL, Pierre et France ABRAN, *Droit de la radio et de la télévision*, Montréal, Les éditions Thémis (Faculté de Droit, Université de Montréal), 1991, 1180 p.

Documents internes, mémoires, avis public

CHRC 80, *Tribunes téléphoniques: Lignes directrices et mécanismes de contrôle*, octobre 1990, 7 p.

CRTC, Décision CRTC 92-588, *Les entreprises de radiodiffusion de la Capitale inc.*, 19 août 1992, 5 p.

CRTC, Avis public 1988-213, *Politique en matière de tribunes téléphoniques*, 23 décembre 1988, 14 p.

CRTC, Avis public 1988-121, *Projet de lignes directrices concernant les tribunes téléphoniques*, 29 juillet 1988, 12 p.

CRTC, Avis public 1987-196, *Plaintes du Centre autochtone régional de Niagara, du Centre d'accueil autochtone de Fort Érié et de la Bande indienne de Peguis contre la CJRN 710 Inc., Niagara Falls (Ontario), au sujet de l'émission The John Michael Talk Show*, 1er septembre 1987, 9 p.

Radiomutuel, *Politique de Radiomutuel en matière de contenus*, 12 mai 1989 (révisé le 28 janvier 1991), 4 p.

Société Radio-Canada, *Politique journalistique*, 1988, 129 p.

————, *Rapport annuel 1990-1991*, 1991, 48 p.

The Canadian Association of Broadcasters, *Submission to the CRTC in the Matter of Public Notice CRTC 1988-121*, 6 octobre 1988, 11 p.

L'Association canadienne des radiodiffuseurs, *Code de déontologie*, février 1988.

Texte de Louis Bricault

AUGER, L., *Communication et épanouissement personnel*, Montréal, Éditions de l'Homme/CIM, 1972.

————, *La démarche émotivo-rationnelle en psychothérapie et relation d'aide*, Montréal, Éditions Ville-Marie/CIM, 1986.

BECK, A.T., *Cognitive Therapy and the Emotional Disorders*, New York, International Universities Press, 1976.

CARKHUFF, R.R., *Helping and Human Relations*, New York, Holt, Rinehart and Winston, 1969.

ELLIS, A., *Reason and emotion in psychotherapy*, New York, Lyle Stuart, 1962.

LAFOND, R., *Services personnels: planification psycho-sociale en cas de sinistres*, ministère des Approvisionnements et Services Canada, 1990.

LAMONTAGNE, H., *Des effets psychologiques des désastres sur le personnel opérationnel*, planification d'urgence Canada, 1983.

MAHONEY, M.J., *Cognition and Behavior Modification*, Cambridge, MA, Balinger, 1974.

MEICHENBAUM, D., *Cognitive Behavior Modification*, New York, Plenum, 1977.

ROGERS, C., *Le développement de la personne*, Paris, Dunod, 1966.

Texte de Lorna Roth

Écrits

Baxter, Sylvester, «The Telephone Girl», *The Outlook,* 26 mai 1906, p. 235.

Bennett, W.L., *Public Opinion in American Politics,* New York, Harcourt Brace Jovanovich Inc., 1980.

HIGGINS, C.S. et MOSS, P.D., «Interaction Analyses of Talk-Back Radio: Some Cultural Meanings», *Sounds Reel: Radio in Everyday Life,* New York, University of Queensland Press, 1982.

HIGGINS, Michael, «Up Close: An inside Look at How a Small Radio Station Handled the Oka Crisis: CKRK Scored High on All Counts», *Broadcaster,* décembre 1990, p. 14 à 16.

JOCKS, Conway, «Capture of a Native Community Radio Station», exposé présenté à une assemblée des Sociétés savantes du Canada, Kingston (Ontario), juin 1991.

KERN, Stephen, «Wireless World», *Communication in History: Technology, Culture, Society,* David Crowley et Paul Heyer, éditeurs, New York, Longman, 1991, p. 186 à 189.

«Radio Voices», *Intermedia: Interpersonal Communications in a Media World,* 3ᵉ édition, Gary Gumpert et Robert Cathcard, éditeurs, New York, Oxford University Press, 1986.

ROTH, Lorna, «Media and the Commodification of Crisis», *Media and Crisis: Mass Communication and the Disruption of Social Order,* Marc Raboy et Bernard Dagenais, éditeurs, London, Sage Publications, 1992.

VAN DIJK, Teun A., *Discourse and Communication: New Approaches to the Analyses of Mass Media Discourse and Communication,* New York, Walter de Gruyter, 1985.

————, *Racism and the Press,* New York, Routledge, 1991.

Émissions radiophoniques

The Party Line. Animatrice: Nathalie Foote. CKRK, Réseau radiophonique mohawk, Kahnawake (Québec), 14 juillet 1990.

The Party Line. Animatrice: Nathalie Foote. CKRK, Réseau radiophonique mohawk, Kahnawake (Québec), 30 juillet 1990.

The Party Line. Animatrice: Nathalie Foote. CKRK, Réseau radiophonique mohawk, Kahnawake (Québec), 16 août 1990.

Entretiens téléphoniques et privés

AUDET, Lucie, directrice de la région de Québec, CRTC, 10 avril 1992.

JOCKS, Conway, ancien directeur de la station CKRK, entretiens privés ou téléphoniques pendant la période de crise, de juillet à octobre 1990; le 27 mai 1991; le 18 octobre 1991; le 12 juillet 1992.

Texte de Jacques de Guise

ALBERONI, F., «L'élite irresponsable. Théorie et recherche sociologique sur le divinisme», *Ikon*, 1962, vol. 12, p. 45-62.

BERNSTEIN, B.B., *Class, Codes and Control*, London, Roledge and K. Paus, 1977, 2e éd.

KELMAN, H.C., *A Time to Speak: On Human Values and Social Research*, Jossey-Bass, 1968.

————, «Compliance. Identification and Internalization, Three Processes of Attitude Change», *Journal of Conflict Resolution*, March 1958.

————, «Process of Opinion Change», *Public Opinion Quarterly*, 1961, vol. 25, p. 57-78.

LAZARSFELD, P.F. et R.K. MERTON, «Mass Communication, Popular Taste and Organized Social Action», sous la direction de W. SCHRAMM, *Mass Communication, University of Illinois Press*, Urbana, Ill., 1960, 2e éd., p. 492-512.

MICHENER, A., J.D. DELAMATER et G.H. SCHWARTZ, *Social Psychology*, Hartcourt, Brace and Janowitz, 1990, 2e éd.

ANNEXES

Annexe A

Cartes de la région

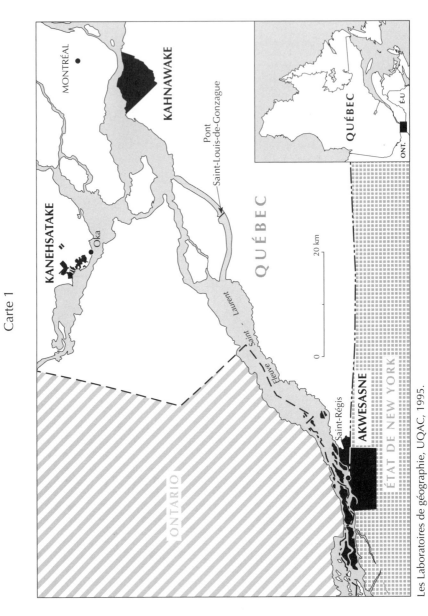

Carte 1

Les Laboratoires de géographie, UQAC, 1995.

Carte 2

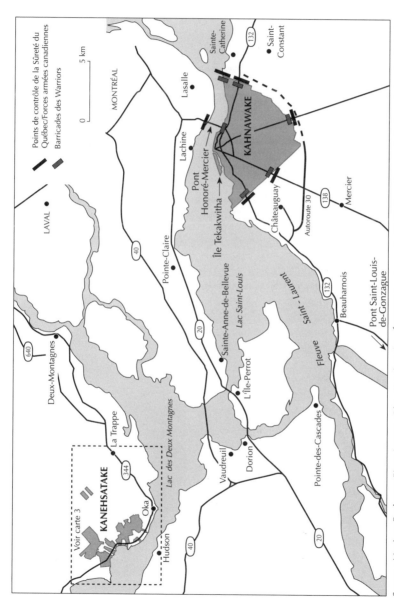

Source : Monique Rochon et Pierre Lepage, *Oka - Kanehsatake - Été 1990. Le choc collectif*, Québec, Rapport de la Commission des droits de la personne du Québec, 1991, 142 pages; Jacques Lamarche, *L'été des Mohawks, Bilan des 78 jours*, Montréal, Stanké, 1990, 294 pages.

Les Laboratoires de géographie, UQAC, 1995.

Carte 3

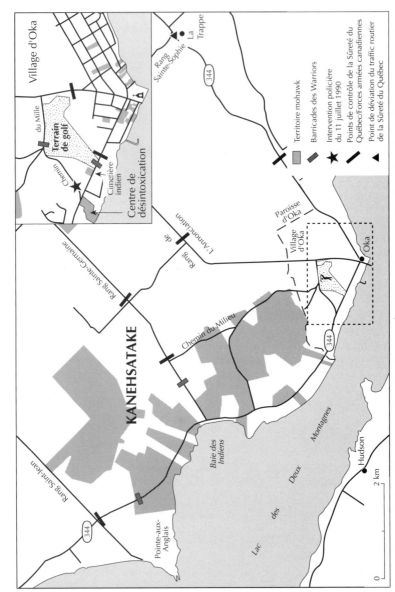

Source : Monique Rochon et Pierre Lepage, Oka - Kanehsatake - Été 1990. Le choc collectif, Québec, Rapport de la Commission des droits de la personne du Québec, 1991, 142 pages; Jacques Lamarche, L'été des Mohawks, Bilan des 78 jours, Montréal, Stanké, 1990, 294 pages.

Les Laboratoires de géographie, UQAC, 1995.

Annexe B

Calendrier de la crise amérindienne:
les trois dernières semaines d'août 1990*

Dimanche 12 août

– John Ciaccia, ministre québécois délégué aux Affaires autochtones et son homologue fédéral, Tom Siddon, signent une entente avec les Mohawks d'Oka sur les conditions préalables à la négociation. Cette entente fait suite au travail du juge Alan B. Gold, nommé médiateur par le premier ministre Brian Mulroney le 8 août. Les trois conditions s'énoncent ainsi: 1) accès sans contrainte aux vivres, vêtements, fournitures médicales, etc. à destination et en provenance de Kanehsatake et Kahnawake, 2) libre accès aux leaders spirituels, mères de clan, chefs, conseillers et avocats et 3) présence d'un groupe international de 24 observateurs pour veiller à la mise en oeuvre de cette entente.

---

*   Ces notes ont été constituées à l'aide d'articles de *La Presse* et du *Devoir*. Il s'agit donc d'une des versions des événements, la plus accessible à la population francophone et celle que rapportaient largement les animateurs de radio. Plusieurs écrits publiés depuis aident à comprendre l'histoire et le contexte du conflit à Oka, et en suggèrent des interprétations diverses: Jacques Lamarche, *L'été des Mohawks: Bilan des 78 jours*, Montréal, Stanké, 1990; Robin Philpot, *Oka: dernier alibi du Canada anglais*, Montréal, VLB éditeur, 1991; *Recherches amérindiennes au Québec*, vol. XXI, n°s 1-2, printemps 1991.

La cérémonie de la signature se tient derrière les barricades mohawks et en présence de guerriers masqués et armés, ce qui soulèvera de nombreuses critiques les jours suivants. John Ciaccia affirmera ne pas avoir été averti du scénario de cette cérémonie. (Martin Pelchat, «Déblocage avec les Mohawks d'Oka. Entente sur les conditions préalables. Pas de levée immédiate des barricades», *La Presse*, 13 août 1990, p. A-1; Benoît Chapdelaine, «Bourassa absout Ciaccia», *La Presse*, 17 août 1990, p. A-1).

– En soirée, un violent affrontement éclate entre des manifestants massés sur un pont de la voie maritime à Saint-Louis-de-Gonzague et les policiers de la Sûreté du Québec (SQ) et de la Gendarmerie royale du Canada (GCR). «Aux oeufs, bouteilles, briques, pierres et autres objets lancés par les premiers, les seconds ont riposté en utilisant des gaz irritants pour tenter de disperser la foule». (Raymond Gervais, «La violence éclate à Châteauguay», *La Presse*, 13 août 1990, p. A-1).

Les gens s'étaient réunis pour protester contre la fermeture du pont Honoré-Mercier et faire pression sur les gouvernements. Dans son «calendrier de l'été indien», *La Presse* écrit: «À partir de ce jour-là, les policiers de la SQ seront pris à partie tous les soirs par des citoyens menés par quelques agitateurs enragés qui allument des incendies et se livrent au vandalisme devant la barricade de Kahnawake». (29 septembre 1990, p. B-5).

Lundi 13 août

– Le directeur de la SQ présente des excuses en conférence de presse au lendemain de l'intervention violente des policiers sur le pont Saint-Louis-de-Gonzague, qui a fait plusieurs blessés chez les policiers et chez les manifestants. Il admet «son incapacité à faire régner désormais l'ordre et la paix dans [ce] conflit». (Caroline Montpetit, «La SQ s'excuse et se dit débordée. Menace de bain de sang à Châteauguay», *Le Devoir*, 14 août 1990, p. 1).

Jeudi 16 août

– Les négociations sur la levée des barricades débutent entre une délégation de Mohawks, «représentant surtout les Warriors et le Longhouse de Kahnawake et Kanehsatake» («Le calendrier de l'été indien», *La Presse*, 29 septembre 1990, p. B-5), et les négociateurs gouvernementaux, Alex Paterson et Bernard Roy. La rencontre se termine après seulement deux heures trente de pourparlers, ce qui suscitera beaucoup de commentaires. Le 17 août, *La Presse* titre: «Les négociations se font au ralenti. Pour éviter l'heure de pointe aux Mohawks, les discussions ont pris fin à 15 h 30!».

Vendredi 17 août

- Le premier ministre Robert Bourassa demande à l'armée de relever la SQ de sa mission de surveillance aux barricades d'Oka et de Châteauguay. (Bruno Brisson, «L'armée remplace la SQ», *La Presse*, 18 août 1990, p. A-1).

Samedi 18 août

- Plus de 900 personnes se rendent au «Mohawk Bingo Palace», situé sur la partie américaine de la réserve Akwesasne. Le bingo ouvrait ses portes après plus de cinq mois d'interruption en raison d'affrontements survenus au printemps 1990 entre partisans et opposants des casinos. (Alain Brisson, «Le bingo reprend à Akwesasne. Des centaines de Québécois ont assouvi leur passion du jeu hier dans la réserve Mohawk», *La Presse*, 19 août 1990, p. A-1).

Lundi 20 août

- L'Armée canadienne prend la relève des policiers. Les militaires érigent leurs barrages aux endroits où la SQ avait dressé les siens. (Suzanne Colpron, «900 soldats s'amènent aux barrages. Les missions de reconnaissance ne sont pas passées inaperçues», *La Presse*, 20 août 1990, p. A-1).

Lundi 27 août

- Le gouvernement de Québec rompt les négociations menées depuis le 16 août. Robert Bourassa met en doute la bonne foi des représentants mohawks, alors que ceux-ci soutiennent que les négociateurs gouvernementaux disposaient d'un mandat trop étroit. Le premier ministre québécois ordonne à l'Armée canadienne de «poursuivre sa mission», c'est-à-dire de démanteler les barricades et d'assurer la libre circulation sur les ponts et routes de la région. (Bruno Brisson, «Bourassa: «Je ne joue pas le rôle de Ponce Pilate»», *La Presse*, 28 août 1990, p. A-1; Chantal Hébert, «L'armée a l'ordre d'avancer. Bourassa affirme que les négociateurs mohawks ont été de mauvaise foi», *Le Devoir*, 28 août 1990, p. 1).

– En conférence de presse, le chef d'état major des Forces armées canadiennes, le général John de Chastelain, annonce que ses troupes procéderont au démantèlement des barricades «en utilisant la force si nécessaire». (Gilles Gauthier, «L'armée va démolir les barricades des Mohawks, si possible sans bain de sang», *La Presse*, 28 août 1990, p. A-1).

Mardi 28 août

– Une délégation mohawk, parmi laquelle les Warriors sont minoritaires, entame «les négociations de la dernière chance». Les militaires poursuivent leur déploiement et leur préparation et lancent un ultimatum de 24 heures. («Le calendrier de l'été indien», *La Presse*, 29 septembre 1990, p. B-5).

– Des Mohawks qui tentent de fuir Kahnawake en automobile sont lapidés par des manifestants à la sortie du pont Mercier à Ville Lasalle. Depuis une quinzaine de jours, des gens regroupés sous le nom de Solidarité Lasalle bloquaient la sortie nord du pont Mercier. Ce groupe s'était retiré dès l'annonce de l'intervention de l'armée mais d'autres manifestants plus violents avaient pris la relève. (Pierre Gingras, «Des manifestants en colère lapident les voitures des Mohawks à la sortie du pont Mercier», *La Presse*, 29 août 1990, p. A-6; entrevue de André Hains (CKAC) avec Pierre Lachance, porte-parole de Solidarité Lasalle, 29 août 1990).

Mercredi 29 août

– À l'expiration de l'ultimatum les militaires se présentent à l'une des barricades de Kahnawake. À la surprise générale, les Warriors prêtent main forte aux militaires pour démanteler la barricade.

(«Le calendrier de l'été indien», *La Presse*, 29 septembre 1990, p. B-5).

Jeudi 30 août

- Le démantèlement des barricades de Kahnawake est interrompu par le chef Joe Norton «qui affirme que l'approvisionnement en vivres n'est plus assuré sur la réserve». Rien ne va plus car Robert Bourassa rompt les «négociations de la dernière chance» devant le retrait de la Confédération des Six nations iroquoises. Celle-ci refuse la présence d'un négociateur lié aux Warriors, Joey Deom («Le calendrier de l'été indien», *La Presse*, 29 septembre 1990, p. B-5).

Vendredi 31 août

- Le démantèlement des barricades de Kahnawake reprend.

Annexe C

Les émissions analysées

• La firme de rétroaction d'information Caisse, Chartier a fourni un total de quelque 70 heures d'extraits d'émissions concernant la crise amérindienne. Voici l'ensemble des éditions sur lesquelles se base l'analyse de Marie-Hélène Lavoie:

Le journal du midi (CJMS, Montréal) – Gilles Proulx
20, 21 août
27 août (incomplète), 28 au 31 août

Midi dix (Radio-Canada) – Michel Lacombe
27 au 31 août
(*La tribune* du 30 ne concerne pas la crise)

La tribune matinale d'André Arthur (CHRC, Québec)
13 au 17 août
20 au 24 août (incomplètes)
27 au 29 août, 31 août (incomplètes)
(le 30 août, André Arthur est absent)

Réaction (CJRP, Québec) – Simon Bédard
14 au 27 août
20 au 24 août

Champagne pour tout le monde (CJMT, Chicoutimi) – Louis Champagne
13 au 17 août
20 au 24 août
27 au 30 août

• L'échantillon, constitué à partir de cet ensemble d'émissions, qui a été soumis aux auteurs totalise environ 4 h 30 d'écoute. Nous avons choisi une même journée de diffusion par lieu de production: deux stations de Québec le 14 août, une station de Montréal le 20 août et une station de Chicoutimi le 29 août. Pour ce qui est de Radio-Canada l'émission du 20 août a d'abord été retenue, à partir du critère du lieu de production, soit Montréal. Mais comme cette édition n'était pas dirigée par l'animateur habituel (Frédéric Nicoloff remplacait Michel Lacombe), nous avons ensuite opté pour celle du 29 août animée par Lacombe. C'est pourquoi, par exemple, Louis Bricault, l'une des premières personnes auxquelles nous avons fourni l'échantillon, parle de Frédéric Nicoloff dans son texte.

- *Réaction* – 14 août
- L'émission d'André Arthur – 14 août
- *Le Journal du midi* – 20 août
- *Champagne pour tout le monde* – 29 août
- *Midi dix* – 20 août (ou 29 août)

Annexe D

Tableau comparatif du projet
de lignes directrices du CRTC
et des politiques de Radiomutuel et CHRC*

PROJET DE LIGNES DIRECTRICES CONCERNANT LES TRIBUNES TÉLÉPHONIQUES (CRTC)	POLITIQUE DE RADIOMUTUEL EN MATIÈRE DE CONTENU	LIGNES DIRECTRICES ET MÉCANISMES DE CONTRÔLE (CHRC)
A. PROPOS ET LANGAGE OFFENSANTS		
Pour aider les titulaires de stations de radio, de télévision et d'entreprises de télédistribution à veiller à la non-diffusion de propos et de langage offensants lors de tribunes téléphoniques, les lignes directrices suivantes sont proposées:		
1. La mise en place de mécanismes appropriés pour garantir le filtrage des appels.	– Filtrage des commentaires des auditeurs qui sont lus par par l'animateur. (p. 3)	10. Règle générale, les appels téléphoniques ne sont pas diffusés sans vérification préalable. Cette vérification vise un double but: premièrement, s'assurer du sérieux ou de l'intérêt de l'appel et deuxièmement, éviter que ne se glissent en ondes des propos contraires à l'ordre public ou qui soient tout simplement obscènes ou vulgaires. (p. 4)
2. La mise en place d'un système de diffusion en différé pour permettre la suppression de propos offensants ou autres dont la diffusion pourrait contrevenir aux règlements ou à la Loi.		
3. En choisissant ses invités pour les tribunes téléphoniques, les titulaires devraient prendre les mesures appropriées pour minimiser la possibilité de propos offensants, notamment en se familiarisant elles-mêmes avec les intentions des invités et en familiarisant ceux-ci avec les règlements et en leur demandant de garantir qu'ils respectent le Règlement au cours de la diffusion.	– Vérification des intentions des invités dans les émissions d'affaires publiques et de tribunes téléphoniques. (p. 3)	
4. Des précautions, semblables à celles qui s'appliquent aux invités, devraient être prises à l'égard des appelants qui participent		

à des tribunes téléphoniques, en particulier lorsqu'il s'agit d'un sujet explosif et controversé. Le présentateur devrait prendre soin de prévenir les appelants possibles au début de l'émission et pendant son déroulement.

B. ÉQUILIBRE

Les lignes directrices suivantes visent à aider les titulaires à respecter les exigences en matière d'équilibre de la Loi lorsqu'il traitent de questions controversées:

1. Divers points de vue sur des questions d'intérêt public devraient être présentés. Comme à de nombreuses entreprises [sic], la tribune téléphonique est la seule émission au cours de laquelle des questions controversées sont abordées, les titulaires devraient veiller à ce que diverses perspectives sur des questions d'intérêt soient fournies durant l'émission ou la série d'émissions traitant d'un sujet particulier. Une bonne préparation de l'émission est alors essentielle et devrait inclure la consultation de personnes ressources ou la présence de spécialistes pour représenter tous les aspects d'une question particulière pour compléter les vues des appelants qui téléphonent à l'entreprise [sic] de leur propre chef.

2. Un débat dynamique constitue certes un élément important des tribunes téléphoniques, mais les présentateurs ne devraient pas être plus critiques ou plus exigeants envers des personnes ayant un point de vue qu'avec celles

– Consultation de personnes-ressources et/ou présence de spécialistes pour présenter divers points de vue à l'occasion de débats sur des questions controversées de manière à éviter la prise de contrôle des émissions de tribunes téléphoniques par des groupes organisés d'appelants. (p. 3)

15. Lors d'un triage des appels, on privilégiera ceux qui apportent un élément nouveau ou encore ceux qui permettent à l'émission d'exprimer des points de vue différents sur un sujet donné. (p. 5)

25. Si le sujet traité le justifie, l'animateur pourra consulter des personnes-ressources ou inviter en ondes des spécialistes sur une question particulière. (p. 7)

26. Il est rappelé qu'un débat dynamique constitue un élément important des tribunes téléphoniques, un élément qui est tout particulièrement apprécié par les auditeurs de CHRC. En conséquence, l'animateur peut

PROJET DE LIGNES DIRECTRICES CONCERNANT LES TRIBUNES TÉLÉPHONIQUES (CRTC)	POLITIQUE DE RADIOMUTUEL EN MATIÈRE DE CONTENU	LIGNES DIRECTRICES ET MÉCANISMES DE CONTRÔLE (CHRC)
qui en ont un autre, pas plus que certains points de vue devraient être supprimés.		en tout temps exprimer un point de vue différent de celui exprimé par l'intervenant. (p. 7)
3. On doit prendre soin d'empêcher une prise de contrôle des émissions par des groupes organisés d'appelants pour que l'émission devienne le moyen d'expression d'une présentation organisée d'un point de vue.	(Voir plus haut: «Consultation de personnes [...] groupes organisés d'appelants»)	13. S'il apparaît qu'un groupe organisé d'auditeurs tente de monopoliser les ondes, l'animateur et les recherchistes tenteront de le contrer. (p. 5)

C. NORMES ÉLEVÉES

PROJET DE LIGNES DIRECTRICES CONCERNANT LES TRIBUNES TÉLÉPHONIQUES (CRTC)	POLITIQUE DE RADIOMUTUEL EN MATIÈRE DE CONTENU	LIGNES DIRECTRICES ET MÉCANISMES DE CONTRÔLE (CHRC)
Le Conseil propose les lignes directrices suivantes pour aider les titulaires à garantir que les tribunes téléphoniques sont conformes à la norme établie par la Loi:		
1. Les animateurs devraient soit éviter les sujets controversés dans lesquels eux-mêmes ils ont un intérêt personnel soit préciser cet intérêt et le conflit possible au cours de l'émission. Dans un tel cas, on doit tenir compte des exigences en matière d'équilibre.	– Les journalistes et animateurs doivent éviter les sujets controversés dans lesquels ils ont un intérêt personnel, en toute circonstance, leur engagement ne doit pas se faire aux détriments [sic] des faits. (p. 3)	8. Les animateurs et les invités doivent mentionner s'ils ont des intérêts financiers ou personnels directement liés au sujet controversé qu'ils débattent. (p. 4)
2. Tous les participants devraient être traités de façon juste et avec courtoisie. Ce traitement devrait permettre de garantir la participation de gens ayant des opinions et des origines diverses. Les animateurs ont le droit et la responsabilité de mettre en doute les vues des appelants et des invités. Toutefois, les participants ne devraient être ni harcelés, ni insultés, ni ridiculisés par l'animateur.	– Les participants à une tribune téléphonique ou à une émission ne devraient être ni harcelés, ni insultés, ni ridiculisés. (p. 3) – Les journalistes et animateurs ont le droit et la responsabilité de mettre en doute les vues des appelants, des invités et des personnes interrogées. (p. 3)	5. Toute personne dont il est question sur les ondes, qu'elle soit présente ou qu'elle soit absente, doit être traitée par les intervenants et l'animateur avec les égards élémentaires qu'on doit accorder aux personnes, dans une société libre et démocratique. (p. 3) 23. Règle générale et sous réserve de la règle 26, l'animateur fait les efforts

3. Le titulaire devrait établir des procédures de vérification de l'exactitude des faits, que ce soit par document de référence ou en communiquant avec des personnes en mesure de commenter avec précision les faits débattus par les appelants. On encourage le recours à des spécialistes invités.

   – Vérification raisonnable de l'exactitude des faits connus avant leur diffusion. Tout propos ne pouvant être soutenu par des preuves étayées ne doit pas faire l'objet de diffusion. (p. 4)

   nécessaires pour bien accueillir les intervenants lors de tribunes téléphoniques. En aucun cas l'animateur ne doit diffamer ou attaquer personnellement et sans fondement un invité ou un intervenant. (p. 7)

   (Voir les règles 10 et 25).

4. Certaines tribunes téléphoniques donnent des conseils aux auditeurs. Les présentateurs et les invités de ces émissions doivent être conscients des limites de leur compétence et ne pas prodiguer des conseils dans des domaines qui sortent de leur champ de connaissances.

   – Les journalistes, les animateurs et leurs invités doivent être conscients des limites de leur compétence et ne pas prodiguer des conseils dans les domaines qui sortent de leur champ de connaissance. (p. 4)

7. Certaines tribunes téléphoniques donnent des conseils aux auditeurs. Les animateurs et les invités de ces émissions doivent être conscients des limites de leur compétence et ne doivent pas prodiguer de conseils dans des domaines qui sortent de leurs champs de connaissance. (p. 3)

5. Les présentateurs d'émissions devraient éviter le sensationnalisme ou d'utiliser des émissions pour diriger des attaques personnelles.

   – Les journalistes et les animateurs doivent éviterle jaunisme, cela ne signifie pas censure, absence d'imagination et conformisme. (p. 4)

* Le projet du CRTC sert de base de comparaison. Seuls les extraits correspondants dans les deux autres documents sont cités, de sorte que ces derniers ne figurent pas en totalité.

Notes sur les auteurs

Louis Bricault, membre de la Corporation professionnelle des psychologues du Québec, exerce sa profession dans la région des Basses-Laurentides. Il a, au cours de la crise amérindienne de l'été 1990 et, par la suite, de décembre 1990 à mai 1991, prodigué des services d'aide psychologique aux populations touchées par les événements d'Oka.

Jacques de Guise, spécialiste de la psycho-sociologie de la communication, est professeur titulaire au département d'information et communication de l'Université Laval. Ses plus récents travaux ont porté sur les stratégies de communication dans le domaine de la sécurité routière, de même que sur le phénomène de la violence à la télévision (J. de Guise et Guy Paquette, *Index de la violence à la télévision canadienne*, Institut québécois de recherche sur la culture, 1994).

Laurent Laplante, journaliste et essayiste, est un collaborateur régulier de médias écrits et radiophoniques de la ville de Québec. Parmi les nombreuses expériences que compte sa feuille de route, notons celles de rédacteur en chef à *L'Action*, d'éditorialiste au *Devoir* et de rédacteur en chef adjoint au *Jour*. Laurent Laplante a publié quelques ouvrages aux éditions de l'Institut québécois de recherche sur la culture, dont une réflexion sur la qualité de l'information *L'information, un produit comme les autres?* (coll. «Diagnostic» nº 14, 1992).

Marie-Hélène Lavoie est agente de recherche au Centre d'études sur les médias. Pendant ses études en sociologie, elle s'est intéressé à l'idéal de l'objectivité journalistique et a publié dans la revue *Communication* un article sur le sujet. Au Centre, elle poursuit actuellement une étude sur les pratiques culturelles liées aux médias, à partir des données du sondage *Statmédia* (1988-1993).

Royal Orr est l'animateur de *Daybreak*, l'émission matinale d'affaires publiques de CBC à Montréal, ainsi que de la tribune téléphonique *Cross Country Checkup* diffusée à l'échelle canadienne. Entre 1989 et 1993, il animait *Exchange* sur les ondes de CJAD, la tribune qui récoltait les meilleurs cotes d'écoute auprès des auditeurs de langue anglaise de la région de Montréal. Royal Orr a oeuvré dans plusieurs associations, notamment Alliance Québec dont il a assuré la présidence en 1988 et 1989.

Lorna Roth, professeure adjointe à l'Universtité Concordia (Communication Studies Department), est une spécialiste des communications interculturelles et des politiques de radiodiffusion. Comptant plusieurs publications dans ce domaine, elle a aussi plaidé pour une plus grande diversité culturelle et raciale dans les médias, lors de diverses commissions parlementaires ainsi que devant le CRTC. Lorna Roth complète actuellement un ouvrage sur l'histoire de la télévision des nations autochtones au Canada.

Florian Sauvageau est directeur du Centre d'études sur les médias et professeur titulaire au département d'information et communication de l'Université Laval. Avocat et journaliste, ce sont surtout les dimensions éthiques et politiques de l'activité des médias qui l'intéressent. Il a coprésidé le Groupe de travail sur la politique de la radiodiffusion (rapport Caplan-Sauvageau, 1986).

Pierre Trudel est l'auteur d'une kyrielle d'articles et de livres traitant de divers aspects du droit de l'information et de la communication. Il a entre autres publié, avec France Abran, l'ouvrage *Droit de la radio et de la télévision* (Montréal, Les éditions Thémis, 1992). Dans le cadre des travaux de l'Institut québécois de recherche sur la culture, Pierre Trudel a assumé la codirection (avec Florian Sauvageau) d'une équipe internationale de recherche sur *La circulation des créateurs et des produits culturels dans la francophonie* (IQRC, 1994). Il est professeur à la Faculté de Droit de l'Université de Montréal, où il a dirigé le Centre de recherche en droit public, de 1989 à 1994.

Achevé d'imprimer à Cap-Saint-Ignace
sur les presses de AGMV inc.
en février 1995